Christian Butt/Olaf Trenn (Hg.)

Einfach mal machen

Außergewöhnliche Ideen für die Arbeit
mit Konfirmandinnen und Konfirmanden

2., unveränderte Auflage

Vandenhoeck & Ruprecht

Für Dietmar Gerts und Christian Witting

Mit 7 Abbildungen

Bibliografische Information der Deutschen Nationalbibliothek:
Die Deutsche Nationalbibliothek verzeichnet diese Publikation in der
Deutschen Nationalbibliografie; detaillierte bibliografische Daten sind
im Internet über https://dnb.de abrufbar.

© 2020, 2019, Vandenhoeck & Ruprecht GmbH & Co. KG,
Theaterstraße 13, D-37073 Göttingen
Alle Rechte vorbehalten. Das Werk und seine Teile sind urheberrechtlich
geschützt. Jede Verwertung in anderen als den gesetzlich zugelassenen Fällen
bedarf der vorherigen schriftlichen Einwilligung des Verlages.

Umschlagabbildung: © Annette Plaz

Satz: SchwabScantechnik, Göttingen
Druck und Bindung: ⊕ Hubert & Co. BuchPartner, Göttingen

Vandenhoeck & Ruprecht Verlage | www.vandenhoeck-ruprecht-verlage.com

ISBN 978-3-525-61623-9

Inhalt

Einfach mal machen 9

1 Die Lebenstüte – etwas von sich zeigen und
  verbergen in der Konfi-Zeit 13
  Christian Butt und Ulf Werner

2 Ohren zu und durch! – Gottesdienst im Visier
  der Konfirmand*innen 20
  Hans Hillmann

3 Kirch:tRaum² – spielerisch-künstlerische Erkundungen
  auf einem Quadratmeter Kirchboden 31
  Dorothée Böcker

4 »Warum seid ihr solche Schisser? Gott ist doch hier.« –
  Arbeit an Hörspielen 36
  Nicolas Budde

5 »Ich habe gesündigt« – Arbeit mit Gesten 41
  Jens Mruczek

6 Dankbarkeit & Instagram – Social Media in der Arbeit
  mit Konfirmand*innen 49
  Theresa Brückner

7 »Jugendliche haben richtige Gefühle!« –
  Konfirmand*innen gestalten den Gottesdienst
  am Ewigkeitssonntag 59
  Nina Heinsohn

8 »22-mal Gottesdienst am Sonntagmorgen?«
   Um Himmels willen! Nein! – Ein Plädoyer
   mit Alternative 66
   Burkhardt Nolte

9 Gottes Hütte unter den Menschen –
   mit Styropor in der Kirche bauen 73
   Annette Plaz

10 Gerettet! Kritischer Erntedank –
   mit Konfirmand*innen Lebensmittel retten 78
   Annette Plaz

11 Parcours mit meinem Gott – Gottesbilder
   erlebnispädagogisch erschließen 83
   Nikolai Jünger

12 WalkAway und Visionssuche – naturspirituelle Arbeit
   mit Konfirmand*innen 97
   Henning Olschowsky

13 Mit Konfirmand*innen im Knast – eine Exkursion
   wird geboren 107
   Claas Ehrhardt

14 »Jesus is King and Lord of all« – Exkursion mit
   und zu Christusbildern 111
   Judith Kierschke und Thomas Schüßler

15 Mit Konfirmand*innen unterwegs – Exkursionen
   an ungewöhnliche Orte 117
   Helmut Spengler

16 Alles beginnt mit der Sehnsucht – eine WG auf Zeit
und ihre Folgen 120
Dieter Niermann

17 Vom Adeln der Notwendigkeiten – Konfirmand*innen
verlegen einen Weg 130
Dieter Niermann

18 Den Nagel auf den Kopf getroffen – Konfirmand*innen
schmieden einen Lebensbaum 140
Thomas Thieme

19 Das Kirchbuch – Konfirmand*innen bauen
eine Bibliothek von A bis Z 150
Franziskus Jaumann

20 Türen öffnen im Advent: Konfirmand*innen
besuchen Gemeindeglieder – und umgekehrt 158
Carolin Marie Göpfert und Claudia Neuguth

21 Frieden sichtbar machen – Konfirmand*innen
gestalten zehn Andachten zur FriedensDekade 167
Carolin Marie Göpfert und Claudia Neuguth

22 Church-Room-Escape – Konfirmand*innen
bespielen den Kirchraum neu 178
Bertram Schirr

Verzeichnis der Autorinnen und Autoren 190

Einfach mal machen

Besuch beim Kardiologen. Die Befunde liegen vor. Nun werden sie gemeinsam angeschaut. Der Arzt hat diesen angenehmen Berliner Dialekt: »Hier, sehn Se, dit sieht nich jut aus.« Der Patient sieht zwar nichts, nickt jedoch schuldbewusst. »Da sollten Se mal wat jegen unternehm'«, rät der Arzt. Der Patient zeigt schnell Bereitschaft zur Kooperation und bietet im vorauseilenden Gehorsam eine Reihe sportlicher Aktivitäten an: »Ich könnte joggen, nordic walken, schwimmen, Rad fahren, zum Kieser-Training gehen …« und wartet auf die Zustimmung des Arztes. Umsonst. Der sagt am Ende nur: »Einfach mal wat machen.«

Einfach mal was machen. Keine hehren Versprechen ablegen, keine großen Entwürfe planen, keine filigranen Systeme konstruieren, in denen alles bis ins letzte Detail aufeinander abgestimmt und curricular versichert ist. Das lähmt nur. Stattdessen hier und jetzt, da oder dort etwas Ungewöhnliches ausprobieren und unterwegs erstaunt feststellen, dass das Herz pumpt und die Lungen sich weiten.

Einfach mal machen. Der Ratschlag des Kardiologen lässt das Herz von Unterrichtenden in der Arbeit mit Konfirmand*innen (KA) höher schlagen. Denn neben denen, die *konzeptgeleitet* unterrichten, stehen gleichberechtigt all jene, die *material-* und *manuskriptgeleitet* Theologie treiben. Annette Cornelia Müller hat mit ihrem Buch »Predigt schreiben – Prozess und Strategien der homiletischen Komposition« (2014), dankenswerterweise für eine späte Emanzipation solcher im freien Feld der Einfälle Forschenden gesorgt. Ideen fallen ab und an *einfach* zu, sehnen sich danach, *mal* umgesetzt zu werden, *machen* zuweilen richtig viel Arbeit und das (Berufs-)Leben wach, reich, einmalig und irritierend anders. Die Komfortzone wird tapfer verlassen, die Erprobungsräume weiten sich zu neuen Spielräumen, und die Grenze zur Gefahrenzone wird dabei nicht einmal tangiert.

Wir Herausgeber sehen in der offen angelegten Struktur dieses Buches die Chance, aus der momentanen Praxis der KA heraus ungewöhnliche Methoden und Arbeitsformen zu versammeln, die keinem einheitlichen Projektverständnis verpflichtet sind, sondern aus unterschiedlichen Beweggründen, Herangehensweisen und Zufällen entstanden sind mit Lust an der Herausforderung, Jugendliche für Glauben und Kirche, Gott und das Leben mit ihm zu interessieren.

Alles, was in diesem Buch steht, hat stattgefunden und trägt weiter Früchte. Die Autor*innen sind an verschiedenen Orten unserer Kirche(n) unterwegs, in Stadt und Land, mit kleinen und großen Gruppen, in regionalen Kooperationen und mit singulären Aktionen. Da nicht wenige von ihnen in ländlich geprägten und/oder östlich-säkularen Regionen arbeiten, gibt dieses Buch gerade auch Anregungen für jene Räume, die in der Konfirmand*innen-Literatur bislang zu kurz kommen. Und neben bereits etablierten Autor*innen finden sich hier viele Vertreter*innen einer neuen Generation, die mit frischen Ideen in die ersten Dienstjahre gestartet sind.

Uns Herausgeber interessierte vor allem die Abweichung von der Spur, das Experimentelle, das Unkonventionelle in der KA, das noch Unveröffentlichte, nicht genügend Kommunizierte, der Plan B. Und uns zeigte sich mit jedem neuen Artikel, den wir erhielten, dass es mehr Höhepunkte gibt, als wir uns hätten träumen lassen. KA verlässt etablierte Unterrichts-Räume und Standard-Exkursionsorte, verzichtet auf Klassensätze klassischer Unterrichtskladden und wendet sich neuen Räumen, neuen Orten und neuen Medien zu. Und aus der Bewegung auf Neues zu entstehen *en passant* andere Themenzusammenhänge und Bereitschaften zur Diskussion des Wesentlichen.

Schwierig und eigentlich recht abwegig erscheint es, die gewünschte Heterogenität der präsentierten Unikate über einen Kamm zu scheren. Wir tun es hier nur kurz und finden einige interessante Vergleichspunkte zwischen mehreren Artikeln:
- KA wird immer attraktiver für andere Gemeindeaktivitäten. Letztgenannte sind nicht unbedingt mehr ein Erfahrungsort für Konfi-Praktikant*innen, damit diese »Gemeinde« kennenlernen. Umgekehrt profitiert und partizipiert Gemeinde nun vermehrt und intergenerativ von und an den Impulsen der KA und lernt ihrerseits von den Jugendlichen.
- Natürlich geht es in diesem Buch häufig um innovative Projekte. Nur entstehen sie selten am grünen Tisch absichtsvoller

religions- bzw. gemeindepädagogischer Projektplanung. Viele, die hier schreiben, sind Seite an Seite mit den Konfirmandinnen und Konfirmanden (KuK) *einfach mal* wach durchs (Gemeinde-) Leben gelaufen und wurden von Projektideen angesprungen. Und die klassischen Unterrichtsthemen ergaben sich in neuen Kontexten »wie von selbst«.

- Dabei sind die Unterrichtenden alles andere als vom Fach. Sie haben zu Beginn der sich ihnen aufdrängenden Prozesse nicht die leiseste Ahnung von dem, was sie erwartet. Sie sind Teil von etwas, das zuweilen weit über sie hinauswächst und andere Kompetenzen benötigt, als aus der Bordapotheke zur Hand sind. Menschen treten zur KA hinzu, die bislang keine Rolle spielten. Und Konfis, die z. B. handwerklich begabt sind, werden in ihren Stärken erkennbar und gewürdigt.
- Als sinnlos erweist es sich, neben den größeren hier vorgestellten Projekten alle übrigen Themen der KA abzuarbeiten. Ausgewählt und gewichtet wurde schon früher. Nun aber ergeben sich manche Themen erst auf dem Weg. Andere treten dahinter zurück. Der Drang zur Vollständigkeit weicht, die Einsicht ins notwendig Exemplarische wächst.
- Überrascht sind wir, dass »Gottesdienst« eine so große Rolle spielt. Ehrlich, das hätten wir nicht gedacht. Nur dass er eben anders entsteht, sich anders füllt, partizipativ organisiert und situativ angemessen gestaltet wird. Diejenigen Studien, die den Konfirmand*innen auf der einen Seite und den hauptamtlich Unterrichtenden auf der anderen Seite eine größtmögliche Distanz konstatieren, was dieses Thema betrifft, übersehen, was die Autor*innen dieses Buches in ihrer Arbeit erfahren: Konfis haben Sehnsucht nach Stille und Gebet, jugendgemäßem Ausdruck ihrer Religiosität in kritischer Auseinandersetzung mit den Glaubensformen unserer Kirche. Und neben den Einsichten, die Konfis *a conto* Gottesdienst in den Blick zu nehmen und sie an Vorbereitung und Durchführung zu beteiligen, ahnen wir mit den Autor*innen dieses Buches, dass unser Gottesdienstverständnis auf dem Prüfstand steht und einer gemeinsamen Klärung mit den Sehnsüchtigen unter seinen jugendlichen »Achtern« bedarf.

- Überhaupt sind es die Gs, die hier in Erscheinung treten: Neben Gottesdienst und Gebet profilieren sich in den Beiträgen zu diesem Buch auch die Gebote, die Gruppe und die Gemeinde. Von Letzterer war weiter oben schon die Rede. Und die Gruppe ist der entscheidende Austragungsort für Regeln, die es braucht, um selbstbewusst und verantwortungsvoll Leben zu erhalten, zu gestalten und miteinander zu teilen.

Das Buch hat drei Kapitel: »einfach«, »mal« und »machen«. Das mittlere Kapitel hat im zweiten Teil den Akzent auf Exkursionen: »einfach mal Exkursionen machen«. Andere würden die Kapitel vermutlich anders zuordnen. Wir haben nichts dagegen. Nur lose haben wir im ersten Kapitel diejenigen Artikel zusammensortiert, deren Umsetzung ggf. *einfach* mal zu machen ist, im zweiten Kapitel Dinge, die sich *mal*, jedoch nicht immer machen lassen, und im dritten Kapitel, was ggf. eines deutlicheren Mehraufwands bedarf. Das muss man schon *machen* wollen.

Die Artikel sind erfahrungsbezogen, authentisch geschrieben und als Inspiration zu verstehen, nicht wie eine Gebrauchsanleitung zu lesen. Natürlich lassen sich die meisten Anregungen in andere Kontexte übertragen. Spannender finden wir es jedoch, wenn Sie während der Lektüre auf eigene Ideen kommen und Mut gewinnen, sie in Ihren Zusammenhängen zu erproben.

Wir Herausgeber sind Studienleiterkollegen in der Vikariatsausbildung der Nordkirche und der EKBO und vernetzen unsere Arbeit mit Gewinn. Unser aufrichtiger Dank gehört den Autor*innen dieses Buches. Neben ihrem anspruchsvollen Dienst fanden sie Zeit, ein Teil dessen, was ihre Arbeit reich (und erfolgreich) macht, für Sie aufzuschreiben. Auch über die hier veröffentlichten Artikel hinaus haben wir wertvolle Ideen und Manuskripte erhalten. Allen, mit denen wir diesbezüglich in Verbindung standen und stehen, danken wir von Herzen.

Einfach mal machen. Der Rat des Arztes bleibt im Ohr. Das Herz schlägt, Ihres und unseres gerade auch für die Arbeit mit Konfirmand*innen. Damit das so bleibt, müssen wir es trainieren und einfach mal was machen.

Christian Butt und Olaf Trenn

# 1 Die Lebenstüte – etwas von sich zeigen und verbergen in der Konfi-Zeit

Christian Butt und Ulf Werner

1 Idee

Am Anfang der Konfirmandenzeit, wenn sich die Unterrichtenden und die Konfirmandinnen und Konfirmanden (KuK) auch untereinander noch nicht kennen, stellt sich die Frage, was die KuK motiviert, etwas über sich zu erzählen und zu zeigen. In diesem Zusammenhang hat uns die Idee der »Lebenstüte« überzeugt (vgl. Gudjons 1983, S. 92). Hier haben die KuK es in der Hand, wie tief sie in die Auseinandersetzung gehen und was sie veröffentlichen. Zugleich werden sie motiviert, sich darauf einzulassen. Wir haben die Idee der Lebenstüte ausgebaut und entdeckt, dass man sie als roten Faden an verschiedenen Stellen im Verlauf der Konfirmandenzeit bearbeiten und sie sogar in den Konfirmationsgottesdienst integrieren kann.

2 Lebenstüte konkret

Die KuK werden angeleitet, mithilfe einer (unbedruckten) Papiereinkaufstüte (lässt sich auch selbst machen, vgl. www.talu.de/papiertueten-selber-basteln) sich und ihr Leben darzustellen. Die Pointe ist, dass die Tüte zwei Seiten hat: Eine Außenseite und eine Innenseite. Dieser Umstand hilft, eine angemessene und begrenzte Selbstvorstellung zu ermöglichen. Eine Arbeitsanweisung zu Beginn der Konfi-Zeit kann sein, dass die KuK mit der Tüte ihre bisherigen Lebenserfahrungen darstellen. Auf die Außenseite gehören Ereignisse, Erlebnisse, Begebenheiten, aber auch Einsichten oder Erkenntnisse, die sie gern mitteilen mögen. Die Innenseite versteckt Erfahrungen oder Erlebnisse, die peinlich, problematisch oder im Moment unaussprechlich sind. Zum Abschluss verschließen die KuK ihre Tüte so, dass sie sie gegebenenfalls zu einer anderen Zeit wieder öffnen können, ohne sie zu zerstören. Als Verschlusstechnik eignen sich Heftklammern, aber auch ein Vernähen mit Nadel und Faden oder ein Versiegeln mit Wachs.

Zur Gestaltung der Tüten empfehlen sich bildreiche Zeitungen, Illustrierte, Magazine, Prospekte, Kataloge und Werbeflyer, aus denen die KuK Bilder, Symbole, Überschriften und Buchstaben herausschneiden und damit ihre Tütenseiten gestalten können. Außerdem werden Filz- oder Wachsmalstifte, Scheren und Klebestifte bereitgestellt.

3 Rahmenbedingungen

Die Arbeit mit und an der »Lebenstüte« lässt sich mit beliebig vielen KuK durchführen. Da die KuK nach einer einführenden Anleitung selbstständig arbeiten, benötigen sie in dieser Zeit nur wenige Impulse, um an ihre Geschichten und Erfahrungen heranzukommen. Bei der Präsentation und einem anschließenden Gespräch über die Ergebnisse ist eine gut strukturierte Gesprächsführung gefordert. Weitschweifige Aneinanderreihungen von Präsentationen in großen Gruppen sollten vermieden werden.

Die »Lebenstüte« ist besonders am Anfang der Konfirmandenzeit gut einsetzbar. Sie gibt den KuK die Möglichkeit, genau zu bestimmen, wie viel sie von ihrer Geschichte in die Gruppe einbringen. Sie haben es im wahrsten Sinne des Wortes »selbst in der Hand«, was sie zeigen und sagen wollen und was nicht. Dabei regt die Aufgabe die KuK zu einem produktiven Denkprozess an, indem sie entscheiden müssen, was sie veröffentlichen wollen und was nicht. Indem beide Seiten in der Aufgabe thematisiert werden, hat die Gruppe die Chance, am Anfang der Konfi-Zeit darüber ins Gespräch zu kommen und nach Faktoren, Regeln und Bedingungen zu suchen, einander noch mehr von sich zu zeigen und preiszugeben.

Die »Lebenstüte« lässt sich auch dann einsetzen, wenn die Gruppe an einen Punkt kommt, an dem das (Sich-)Zeigen bzw. Verbergen eine Rolle spielt.

Idealerweise wird ein Unterrichtsvormittag oder Nachmittag zur Durchführung (2–3 Stunden) benötigt. Die Arbeitsphase an den Tüten dauert, je nach Gruppe und Konzentration, 45 bis 60 Minuten.

Für das Aussuchen der Motive, Ausschneiden und Kleben bedarf es einer ruhigen Atmosphäre, ggf. mit ruhiger Meditationsmusik im Hintergrund. Die Präsentation und das daran anschließende Gespräch benötigen angemessen viel Zeit. Die Idee lässt sich auch in einem einstündigen, wöchentlichen Modell umsetzen. Allerdings müssen die Arbeitsphasen dann auf die Wochen aufgeteilt und der thematische Zusammenhang muss neu erinnert und hergestellt werden.

4 Durchführung – einzelne Schritte und Hinweise

Lebenstüte als Anfangselement

- Über längeren Zeitraum Material (Zeitungen etc.) sammeln.
- Formulierungsvorschlag für die Aufgabe:
  »Am Anfang unserer Konfirmandenzeit soll es Gelegenheit geben, dass wir uns besser kennenlernen und mehr voneinander erfahren. Manchen fällt es leicht, von sich zu erzählen, und manche mögen das gar nicht gern. Das ist verständlich, denn wir sind uns noch fremd. Da gibt es auf allen Seiten Unsicherheiten. Damit wir *etwas* voneinander erfahren und niemand sich gezwungen fühlt, *zu viel* von sich zu zeigen, hilft uns die ›Lebenstüte‹ *(eine Tüte hochhalten)*. Eure Aufgabe ist es, das, was ihr den anderen über euch und euer Leben mitteilen möchtet, auf der Außenseite mithilfe von Zeitungsausschnitten, Bildern und Buchstaben zu präsentieren. Und das, was euch wichtig ist und durch den Kopf geht, ihr aber nicht oder noch nicht zeigen möchtet, das klebt ihr in das Innere der Tüte. Das ist für die anderen tabu. Zum Abschluss der Arbeitsphase wird die Tüte von euch gut verschlossen und zwar so, dass ihr sie zu einem anderen Zeitpunkt wieder öffnen und damit weiterarbeiten könnt. – Habt ihr noch Fragen?«
- Die Arbeitsphase: Sie sollte äußerlich ruhig gestaltet werden, damit sich die KuK auf die Aufgabe einlassen können. Geachtet werden muss auf genügend Material und ausreichend Arbeitsplatz. Leise Musik im Hintergrund kann hilfreich sein. Mitunter wissen einzelne KuK nicht, was und wie sie etwas aus ihrem Leben gestalten können. Hier helfen offene Impulse, damit sie in den Fluss kommen.

- Auswertung: Bei großen Gruppen empfiehlt es sich, die Ergebnisse zunächst in zwei bis drei kleineren Gruppen zu präsentieren. Die Konfis erhalten die Aufgabe, sich anhand ihrer Tüte vorzustellen und sich dann als Gruppe gemeinsam auf einen Titel für die jeweils vorgestellte Lebenstüte zu einigen. Die vorstellende Person hat Vetorecht. Ein geeigneter Titel wird auf eine Karte geschrieben. Anschließend wird ein »Museumsgang« im Plenum veranstaltet, bei der die jeweilige Titelkarte ihrer Tüte zugeordnet ist und alle KuK die Ergebnisse (ohne wertende Kommentare) betrachten können. Auch hier kann den KuK eine Aufgabe mit auf den Weg gegeben werden: »Findet diejenige Tüte, die eurer eigenen am meisten ähnelt.« Und später: »An welche Tüte erinnert ihr euch nach dem Rundgang am besten – warum? Mit wem möchtest du über seine*ihre Tüte ins Gespräch kommen?«
- Alternative: Bei kleineren Gruppen können im Plenum Titel für die vorgestellten Tüten vorschlagen werden. Daran anschließend wird ein Gespräch geführt, das das Zeigen/Verbergen, Verschweigen/Mitteilen oder auch Vertrauen/Misstrauen thematisiert: »Welche Tüten ähneln sich rein äußerlich? Wie deutet ihr das? Und gilt das auch für ihr Inneres? Welche Tüten überraschen – warum? Welche locken, reinzuschauen? Gibt es Nachfragen zu einzelnen Tüten?« – Impulse, die auf Gruppenregeln hinführen, können sein: »Wozu ist es hier bei uns wichtig, dass die Tüten beide Seiten haben? Was müsste geschehen, damit wir einander etwas von den Innenseiten zeigen? Was verhindert ein solches Zeigen? Was soll unter uns gelten?«
- Begrüßungsgottesdienst: Natürlich lässt sich auch in einem Gottesdienst zur Begrüßung der KuK das Symbol der Lebenstüte aufnehmen. Hier kann der Aspekt des Zeigens/Verbergens eine Rolle spielen und weitergeführt werden. Psalm 139 singt von einem Gott, der uns kennt und behutsam mit unseren verborgenen Seiten umgeht.

Lebenstüte in der laufenden KA

Wurde zu Beginn mit der Lebenstüte gearbeitet, bietet es sich an, diese Idee zur Mitte der Konfirmandenzeit noch einmal auf-

zunehmen. Zu klären ist mit den KuK, wie und wo die Tüten in der Zwischenzeit aufbewahrt werden. Das Arbeiten mit den vorhandenen Tüten kann folgende Perspektiven haben:
- »Vergleich«: Es geht um eine Art Bestandsaufnahme. Was hat sich für die KuK in der Gruppe verändert? Wagen die KuK, jetzt mehr zu zeigen? Sind bei ihnen Themen erledigt, sind neue hinzugekommen?
- »Traumtüten«/»Sehnsuchtstüten«: Die KuK erhalten die Aufgabe, ihre Tüten außen und innen so zu ergänzen, wie sie sich ihr Leben wünschen. Was wäre anders? Wäre etwas anders?
- »Briefschlitz«: Wenn die Tüten im Raum zugänglich sind, kann ein »Briefschlitz« in die Tüten eingearbeitet werden. Und die KuK können sie von Zeit zu Zeit mit Notizen aus dem Unterricht füllen, die sie bewahren möchten (Bibelverse, Gedanken, Gebete, Fotos …). Vielleicht dürfen auch andere KuK dort zuvor verabredete Botschaften hinterlassen: Welche Eigenschaften man am anderen mag, was man ihm*ihr wünscht, worum man ihn*sie bittet. Von Zeit zu Zeit wird die Post gesichtet und sortiert. Vielleicht befindet sich der selbst gewählte oder von anderen überlegte Konfirmationsspruch in der Tüte.

Varianten

Soll die Arbeit an der »Lebenstüte« erst im späteren Verlauf der gemeinsamen Arbeit mit den KuK eingebracht werden, sind folgende Variationen denkbar:
- »Gruppentüte«: Als eine Art Resümee der ersten Gruppenphase und ein Zwischenergebnis wird in Kleingruppen je eine Tüte für die Gesamtgruppe gestaltet. Die KuK können aufkleben und einarbeiten, was sie kennzeichnend für ihre Gruppe finden. Die Ergebnisse werden besprochen und verglichen: Wie verlief der Prozess? Gleichen bzw. unterscheiden sich unsere Wahrnehmungen von der Gruppe? Wie sehen wir bzw. andere uns von außen? Wer darf bzw. kann das Innere sehen?
- »Glaubenstüte«: Was glaube/bekenne ich? Worin bin ich mir sicher? (außen) Wo bin ich unsicher und habe Zweifel, Fragen oder Ängste? (innen) Und umgekehrt ist denkbar: Was möchte ich an Fragen nach außen tragen? Was glaube ich im Innersten?

- »Lebensfülle«: Als Einstieg in Themen wie Sehnsucht, Hoffnung, Zukunft. Was gehört zu meinem Leben? (außen) Was wünsche ich mir für mich und meine Zukunft? (innen)
- »Schönes und Schweres« zur Vorbereitung auf Themen wie Trauer, Abschied, Tod: Was macht mein Leben schön? (außen) Was macht mein Leben schwer? (innen) Sicherlich lässt sich über die Außenseite leicht ins Gespräch kommen, über die Innenseite nur im Vertrauen und nach Bedarf.

Lebenstüte in der Abschlussphase

- »Reste?!«: Die Gruppe geht anhand der Innenseiten ihrer Lebenstüten der Frage der Veränderungen nach: Gibt es Themen, die in der Konfi-Zeit (noch) nicht zur Sprache kamen? Welche Seiten (des Glaubens) sind noch unentdeckt? Was muss noch zur Sprache kommen? Bleiben Geheimnisse, und ist das gut so? Und was sagen die Ergebnisse über die Gruppe und die gemeinsame Konfi-Zeit aus? Der Gesprächsgang widmet sich der Selbstreflexion und kann darüber hinaus eine Art Rückblick und Gruppenfeedback einleiten.
- Konfirmationsgottesdienst: Achtung! Jede Idee lässt sich so oft benutzen, dass die KuK davon genervt sind. Doch wenn die Lebenstüte einmal am Anfang der Konfi-Zeit, einmal in ihrer Mitte und schließlich zum Abschluss im Konfirmationsgottesdienst ein letztes Mal auftaucht, dient sie als roter Faden.
- Im Konfirmationsgottesdienst werden die bearbeiteten Lebenstüten ausgestellt und zum Abschluss den KuK überreicht. Sie werden in die Predigt mit einbezogen. Sie können als Symbol für das Leben der KuK stehen. Die einzigartigen »Lebenstüten« warten darauf, (nicht allein) von den KuK weiter gefüllt zu werden. Über ihnen steht die Zusage Gottes, die Fülle des Lebens zu schenken (Psalm 16,11). Wie die Stärkung und Begleitung Gottes aussehen kann, wird unter Einbezug der Konfi-Zeit möglichst anschaulich konkretisiert.

5 Fazit

Zugegeben: Die Idee der Lebenstüte mit ihrer Außen- und Innenseite ist schlicht. Und deswegen überzeugt sie uns. Weil sie so bescheiden daherkommt, hat sie Potenzial. Sie spricht die KuK an und lässt ihnen Raum und Freiheit. Und sie lässt sich übertragen. Ob in Gemeinden, Schulen oder Bildungseinrichtungen: Die Idee ist vielseitig einsetzbar und leicht umsetzbar. Es bedarf nur Neugier und Neigung, um über unterschiedliche Seiten, über Fassaden und Geheimnisse ins Gespräch zu kommen.

Literatur

Gudjons, H. (1983): Spielbuch Interaktionserziehung (2. Aufl.). Bad Heilbrunn.

2 Ohren zu und durch! – Gottesdienst im Visier der Konfirmand*innen

Hans Hillmann

1 Die Idee

Den Gottesdienst einmal mit anderen Augen zu sehen, darum geht es hier. Die Ohren werden geschlossen. Das folgende Konzept stellt den Besuch eines Gottesdienstes mit Ohrstöpseln vor. Die Idee hat zwei Ausgangspunkte: Das Ganz-Vorn und das Ganz-Hinten der Kirche.

Ganz vorn kann ich einiges sehen. In einem liturgisch gekonnten Gottesdienst demonstrieren Gesten, Handlungen und Bewegungen einen Ort Gottes. Das Heilige bekommt einen Platz. Das ganz andere nimmt Gestalt an. Daneben gibt es auch andere Momente: Die unbewusste Missachtung von Gegebenem (Raum und Anlass) führt in eine optische Dissonanz von Reden und Handeln. Auch in der Dissonanz steckt eine Chance für die Didaktik. Liturgische Stolpersteine können mir zum Trampelpfad in die Liturgie des Gottesdienstes werden. Nur ins Stolpern muss ich erst geraten.

Ganz hinten in der Kirche gibt es auch einiges zu sehen – und manches gerade nicht. Alle anderen kann ich von hier aus gut und in Ruhe sehen, denn die müssen ja nach vorn gucken. Hinten ist es meist etwas dunkler. In der letzten Reihe ist Platz für Zauderer, Trauernde und Zuschauerinnen, für mich – und für Konfirmand*innen. Die KuK der letzten Reihe nutzen das Dunkel für ein Nickerchen. Oder sie haben Leidensgenossen an ihrer Seite und machen sich eine schöne Zeit. In jedem Fall halten die KuK während des Gottesdienstes ihr Gottesdienst-Kontrollheft in der Hand. Denn dafür sind die meisten hier. Strich um Strich. 24 Mal. Und keinen Strich öfter.

Sehen – und leider oft auch hören – kann ich als Pfarrer ganz hinten in der Kirche, wie den KuK das Geschehen fremd bleibt. Eigentlich empfinde ich Fremdheit als Stärke des agendarischen Gottesdienstes. Griechische Texte, märchenversunkene Vokabeln und ein mittelalterliches Gewand inszenieren das Geheimnis des Glaubens, unterbrechen den Alltag und sorgen dafür, dass auch den vertrautesten Gottesdienstbesucher*innen die Gestalt des Fremden, die für die Religion unentbehrlich ist, erhalten bleibt. Allerdings bezweifle ich, dass diese geheimnisvolle Fremdheit in der letzten Reihe ankommt. Für die KuK ist Gottesdienst oft bedeutungslos fremd. Sie stolpern über nichts, weil sie einfach nur dasitzen. Diese totale Fremdheit des Gottesdienstes macht die KuK zu Fremdkörpern der letzten Reihe – und die schlafen eben oder quatschen oder bringen mit ihren Smartphones Licht ins Dunkel. Und das ist eine Chance für die Didaktik. An der Stelle, wo die KuK zum Fremdkörper werden und Anstoß erregen, lassen sie sich ansprechen. Der Fremdheit des Gottesdienstes mit der Befremdung der KuK zu begegnen, bietet Gelegenheit, beides ernst zu nehmen. Und schon ist die Idee da: »Steckt euch doch mal Ohropax rein!« Entfremdung des Gottesdienstes als Zugang zur bereichernden Fremdheit des Gottesdienstes. Durch die Aufforderung, einfach mal wegzuhören, stellt sich das Hingucken fast von allein ein.

2 Der Rahmen

Nach meinem Erleben erfordert die Aktion ein hohes Maß an Disziplin der Gruppe sowie Wahrnehmungs- und Reflexionsvermögen der Einzelnen. Daher empfehle ich eine Durchführung in der Mitte oder gegen Ende des Kurses. Die Erprobung erfolgte in zwei Konfistunden zu je 60 Minuten in zwei aufeinanderfolgenden Wochen und dem dazwischenliegenden Sonntagsgottesdienst. Als Blockveranstaltung am Samstag plus Sonntaggottesdienst mit direkt anschließender Auswertung ist die Durchführung auch gut vorstellbar.

Die Aktion lässt sich mit großen (> 15) und kleinen Gruppen (< 15) durchführen. Vorteile an großen Gruppen sind die mit der Gruppe wachsende Salonfähigkeit des Extraordinären (je mehr mitmachen, desto geringer die Scham – wie bei einem Flashmob) und die Vielseitigkeit der Eindrücke bei der Auswertung. Herausfordernd für große Gruppen ist die Vorbereitung der Aktion durch die in Abschnitt 5 unter Schritt 1 vorgestellte Wahrnehmungsübung in der Kirche, sofern die Disziplin mit wachsender Gruppengröße abnimmt. Vorteil bei kleinen Gruppen ist die leichtere Handhabung der Aktion,

z. B. hinsichtlich der für viele schwierigen Ohrstöpsel-Anwendung und den damit verbundenen Hilfestellungen oder beim Glocken-Besuch in engen Türmen.

3 Die Vorbereitung

Den Ablauf eines Gottesdienstes haben wir im Vorfeld thematisch aufgegriffen. Das Thema lag mehrere Monate zurück, und die Aktion wurde zur Wiederholung und Vertiefung eingebracht. Zur Einstimmung auf den Besuch des Gottesdienstes trafen wir uns eine Woche vorher im Kirchraum. Die unter Schritt 1 beschriebene Wahrnehmungsübung ermöglicht die Erfahrung, dass eigenes Befinden und das Empfinden des Kirchraums in der Wahrnehmung zusammenspielen. Hierbei steht nicht eine Erstbegegnung mit dem Kirchraum im Blickpunkt, sondern dessen sinnliche Erkundung, die darauf vorbereitet, in der Entfremdungssituation des weitgehenden Hörverlusts durch Ohrstöpsel die verbleibenden Sinne wahrnehmend zu nutzen.

4 Das Material

- Pro Konfi: 1 Paar Ohrstöpsel, 1 Papiertüte, 1 Papiertaschentuch, 2 Karteikarten, 1 Fragebogen, 1 Uhr (oder Handys der Konfis), 1 Stift.
- Für die Hälfte der Konfis: Schlafmasken; 1 Duftöl-Set mit 10 verschiedenen Düften.
- für jeden dritten Konfi: 1 DIN-A5-Blatt; Abspielgerät und atmosphärische Musik.
- pro Konfi: auf DIN-A4-Blätter gedruckte Einzelbestandteile des Gottesdienstes.

5 Die Durchführung

Schritt 1: Wahrnehmungsübung im Kirchraum (60–90 Min.)

Die Kirche wird atmosphärisch vorbereitet (20 Min.). Gregorianische Gesänge, Taizé-Lieder oder Pop werden eingespielt. Die Altarkerzen brennen. Mit Duftöl beträufelte Tücher werden sichtbar im Kirchenschiff verteilt. Die Kirchentüren sind aufgeschlossen, aber nicht geöffnet. Begrüßung und Einweisung der KuK finden draußen statt; sie dürfen noch nicht herein (5 Min.).

a) Die KuK werden ermutigt, vor der Kirche in sich hineinzuhorchen und herauszufinden, mit welchem dominierenden Gefühl sie heute hier sind. Alle schreiben ihr Grundgefühl auf je eine Karteikarte, deren Vertraulichkeit versichert wird. Die KuK werden aufgefordert zu überlegen, zu welcher Tür der Kirche ihr Gefühl passt. Sonnenseite? Hauptportal? Treppe hoch oder ducken am Hintereingang? Anschließend betritt jede*r durch die passende Tür die Kirche, geht ohne Eile zum Altar, um die Karteikarte dort rechts neben der Bibel abzulegen und anschließend wortlos durch eine selbst gewählte Tür wieder nach draußen zu treten. Draußen sammeln wir kurze Schlaglichter zum Erlebten in der Runde. Währenddessen wird drinnen durch Teamer*innen die Musik abgestellt (5–10 Min.).

b) Die KuK bilden Paare. Einer bekommt Ohrstöpsel, die andere eine Schlafmaske. Es geht darum, aus sich herauszuhorchen bzw. aus sich herauszusehen. Jedes Paar sucht sich schweigend einen Ort auf dem Kirchgelände, steht still und lauscht/sieht für zwei Minuten. Anschließend führt der Taube die Blinde schweigend in die Kirche und sie lauschen/sehen dort. Danach verlassen sie die Kirche. Draußen tauschen sie sich kurz darüber aus, wie sie den Ortswechsel auf je eigene Weise erlebt haben. Ein akustisches Signal markiert die unterschiedlichen Phasen (10–15 Min.).

c) Bei einem 90-minütigen Treffen kommen die Taschentücher zum Einsatz. Die Paare tauschen die Rollen. Neue Ohrstöpsel werden an diejenigen KuK verteilt, die bisher Schlafmasken trugen. Die Schlafmasken gehen an die Partner*innen. Je ein Taschentuch, das mit demselben Duftöl beträufelt ist wie eines in der Kirche, wird den Paaren zum Riechen gegeben. Dann geht es ohne die Duftprobe hinein in die Kirche. Hier sucht jedes Paar das Taschentuch mit dem entsprechenden Duft (10–15 Min.).

d) Draußen werden die Schlafmasken eingesammelt und erneut Karteikarten ausgeteilt. Diesmal wird deren Veröffentlichung angekündigt. Die KuK gehen mit Ohrstöpseln in die Kirche und suchen sich ihren Lieblingsplatz. Kanzel, Orgel oder Altar, im Sitzen, Knien, Stehen, Liegen – (fast) alles ist erlaubt. Wenn sie einen

Platz gefunden haben, lassen sie von dort aus den Blick in die Kirche unter der Fragestellung auf sich wirken: »Angenommen, diese Kirche wäre Gottes Gesicht, welche Stimmung Gottes liest du daraus ab, von deinem Platz aus betrachtet?« Die Antworten kommen auf die Karteikarten, die auf dem Altar, nun links von der Bibel, abgelegt werden (10–15 Min.).

e) Die Ohren werden von den Stöpseln befreit. Es folgt eine Andacht im Altarraum. Die Eingangsliturgie oder ein Taizé-Lied wird gesungen. Eine Auslegung von Psalm 23 führt verschiedene Orte vor Augen, die im Psalm durchschritten werden und sich auf die eine oder andere Weise im Kirchraum wiederfinden lassen. Wo ist hier eine grüne Aue? Wo ist frisches Wasser? Welche finstere Ecke löst Unbehagen aus? Vaterunser und Segen beschließen die Andacht. Damit endet das Treffen. Wer nun gehen will, gibt die Ohrstöpsel in mit Namen beschrifteten Tüten ab, sodass diese am Sonntag gesammelt mitgebracht werden können (10–15 Min.).

f) Mit denen, die wollen, geht es mit verstöpselten Ohren in den Glockenturm. In sicherem Abstand wird ein Kreis um die Glocke gebildet. Wer will, kann die Augen schließen. Ein*e Teamer*in schaltet unten die Glocke an, sobald sie von oben ein eindeutiges Signal bekommt. Die Schwingungen des Glockenschlags lassen sich im ganzen Körper spüren, die Ohrstöpsel dämpfen den Geräuschpegel auf ein erträgliches Maß. Eine eindrückliche Erfahrung auch dadurch, weil nur ein Teil der KuK den Mut aufbringen wird, sich dem auszusetzen (10–15 Min).

Alternative Ideen
- In Paaren werden Grabplatten im Inneren der Kirche entziffert. Hierfür stellen sich die Partner*innen Rücken an Rücken, wobei eine einen Zettel und Stift und der andere eine Schlafmaske trägt. Der mit Schlafmaske ertastet die Buchstaben und sagt sie der Reihe nach der, die sie notiert.
- Eine spielerische Alternative ist das Verändern oder Herausnehmen von Gegenständen in der Kirche. Die KuK werden hierfür in Dreier- oder Viererteams aufgeteilt, gehen in die Kirche, um sich alles möglichst genau einzuprägen, und werden dann hinausgeschickt, bis die Teamer*innen im Innern etwas verändert haben.

Anschließend versuchen die Teams möglichst genau herauszufinden, was sich verändert hat.

Schritt 2: Gottesdienstbesuch mit Ohrstöpseln
Die KuK sind 30 Minuten vor Gottesdienstbeginn an der Kirche. Sie erhalten ihre Ohrstöpsel, je einen Fragebogen und einen Stift. Der Fragebogen ist in vier Stationen aufgeteilt:
1. vor der Kirche,
2. in der Kirche – vor dem Gottesdienst,
3. in der Kirche – während des Gottesdienstes,
4. während der Predigt.

Es wird darauf hingewiesen, die Ohrstöpsel zur Predigt herauszunehmen. Wer will, kann sie anschließend wieder einsetzen oder den Gottesdienst von da an hörend mitfeiern. Es wird angekündigt, dass die Fragebögen nach dem Gottesdienst mit Namen darauf eingesammelt werden, um sie zur Auswertung mitbringen zu können. Weil während des Gottesdienstes für den Fragebogen die genaue Uhrzeit benötigt wird, gibt es einen Uhrenvergleich. Je nach Gruppe können die Fragen auf dem Bogen variieren.

Der nachstehende Entwurf ist mit geschlossenen und halboffenen Fragen konzipiert, welche die KuK deskriptiv beteiligen. Wer stärker das Gottesdiensterleben zur Sprache bringen will, kann sich an offeneren Fragen orientieren, z. B.:

Vor der Kirche: Die Menschen, die ankommen – wie wirken sie auf dich? Was wünschst du ihnen für die nächste Stunde? Kannst du dir vorstellen, was sie sich wünschen? Was suchen sie in diesem Haus? Sprich zwei von ihnen an und frage sie danach!

In der Kirche: Ändert sich etwas bei denen, die von draußen nach drinnen kommen?

Während des Gottesdienstes: In welcher Minute gab es besonders viel oder besonders wenig zu sehen? Wann war dein »heiliger« Moment? In welcher Minute hättest du am liebsten die Ohrstöpsel herausgenommen und wozu? Gibt es etwas, das du gern ganz anders machen würdest?

Nach dem Gottesdienst: Gehen die Menschen anders, als sie gekommen sind? Woran machst du das fest?

Anregungen für einen Fragebogen

- Vor der Kirche
  Wie wirkt die Kirche und ihr Eingang von außen auf dich? Unterstreiche oder finde ein eigenes Wort: einladend/gruselig/freundlich/abstoßend/erdrückend/beruhigend/ …
- *In der Kirche – vor dem Gottesdienst*
  Für die Nase: Wonach riecht es in der Kirche? Weckt das eine Erinnerung bei dir?
  Für die Fantasie: Mal angenommen, diese Kirche von innen wäre heute Morgen Gottes Gesicht, welche Stimmung Gottes liest du daraus ab?
  Für die Augen: Wie sehen die Leute aus, die reinkommen (Kleidung, Körperhaltung, Gesichtsausdruck)? Fällt dir jemand besonders auf?
  Für die Neugier: Beobachte und rate, was die Leute in der Kirche machen, bevor der Gottesdienst losgeht!
- *In der Kirche – während des Gottesdienstes*
  Notiere die Uhrzeiten zu den folgenden Elementen des Gottesdienstes in die entsprechenden Kästchen: Gebet, Stille, Lied, Abkündigungen, Lesung, Predigt, Psalm, Glockengeläut, Begrüßung, Wechselgesang, Segen, Orgelmusik, Vaterunser, Glaubensbekenntnis *(im Fragebogen die der Liturgie entsprechende Anzahl an Kästchen zu den Begriffen einfügen)*
- *Während der Predigt*
  Benenne das Thema und den Hauptgedanken der Predigt!
  Kann, muss aber nichts mit dem Predigtthema zu tun haben: Ist dir ein Gedanke beim Hin- oder Weghören durch den Kopf gegangen, der dir wichtig ist?

Schritt 3: Auswertung des Fragebogens

Es empfiehlt sich, die Auswertung zeitnah vorzunehmen. Ein Brunch nach dem Gottesdienst mit anschließender Reflexionsrunde hat den Vorteil, dass alle dabei sind. Wir gehen den Fragebogen durch, wobei wir den Gottesdienstablauf samt Uhrzeiten zunächst überspringen. Ziel des Gesprächs ist es, aufzuzeigen, wie vielseitig die eigenen Eindrücke und Emotionen waren, um daran den Reichtum des Gottesdienstes vorzuführen. Hier eine Kostprobe:

»Die Kirche sieht von außen gruselig aus. Drinnen riecht es nach Weihnachten – ich erinnere mich noch an die Geschenke im letzten Jahr! Als Gesicht Gottes würde ich sagen, dass Gott sich freut. Die Leute sind so ernst. Ich habe über meine Eltern nachgedacht, weil ich nie mit denen rede.«

Gruselig, entzückend, freudig, ernst – schon ein einziger Fragebogen führt sehr verschiedene Empfindungen vor. Die Kirche als Ort, an dem die Bandbreite des Lebens anzutreffen ist, ist in den Antworten zu entdecken. Weiterführende Impulse sind: »Wo gibt es sonst noch ›Räume‹, die Ernst und Freude, Grusel und Geborgenheit, Lob und Klage, mich und das ganze andere von mir zusammenbringen?« (Mögliche Antworten: Kino, Theater, nirgends, Zuhause, Internet) Davon ausgehend stellt sich die Frage: »Was ist dann das Besondere des Gottesdienstes? Worum geht es?« – Dazu schauen wir uns den Gottesdienstablauf an.

Die zeitliche Bestimmung der Gottesdienstteile wird als Gruppenpuzzle ausgewertet. Hierzu sind die Gottesdienstelemente, die auf dem Fragebogen vorkommen, so oft ausgedruckt, wie Kästchen hinter einem Element sind. Die KuK versuchen nun, mithilfe ihrer eingetragenen Zeiten die Reihenfolge des Gottesdienstes zu rekonstruieren, indem sie die ausgedruckten Gottesdienstelemente auf dem Boden chronologisch sortieren. Mögliche Impulse für das fertige Bodenbild: »Für was nehmen wir uns viel/wenig Zeit? Was ist dir besonders wichtig? Was macht einen Gottesdienst zum Gottesdienst? Was darf nicht fehlen?« Zielgedanke: Der Gottesdienst ist nicht nur eine Veranstaltung *für* die Menschen, die kommen, sondern ein Gottesdienst *der* Menschen, die kommen. Seine Elemente funktionieren nicht, wenn sich alle nur berieseln lassen. Wir führen die Show zusammen auf. Nicht Konsum, sondern *Communio* (lat. »Gemeinschaft«) ist Motto des Gottesdienstes.

Zur Veranschaulichung werden die Antworten der KuK zum Abschnitt »Während der Predigt« am Ende des Fragebogens aufgegriffen. Römer 10,17 lesen: »Der Glaube kommt aus dem Hören« (Luther übersetzt: »aus der Predigt«). Predigt ist nicht nur, was eine*r vorn sagt. Predigt ist, was die anderen hören. Darum predigen im Gottesdienst alle. Die zweite Frage (»Was hast du gehört?«) ist wichtiger als die erste (»Was hat der*die Prediger*in gesagt?«). Das Wort Gottes kann nicht vom Redner oder von der Rednerin gesagt, sondern nur von der Gemeinde gehört werden.

Lernziel: Die KuK lernen, dass sich der Gottesdienst bis in die letzte Kirchbankreihe ereignet, auch noch zwischen den Ohren, Augen und Herzkammern jeder einzelnen an ihm beteiligten Person. Sie werden ermutigt, auf ihre eigene Weise des Hörens (Singens usw.) den Gottesdienst aktiv mitzuerleben und mitzufeiern, und befähigt, indem ihnen der Ablauf vertrauter wird.

6 Variation

Im Rahmen einer Einheit zum Thema »Ökumene« könnte neben dem evangelischen auch ein konfessionell anders geprägter Gottesdienst mit Ohrstöpseln besucht werden. Die Fragebögen sind so zu gestalten, dass ein Vergleich beider Gottesdiensterfahrungen möglich und ertragreich wird.

7 Praktische Hinweise

Es ist hilfreich,
- verschiedene Ohrstöpsel im Gepäck zu haben: Die Schaumstoffstöpsel bekommen viele nur schwer eingesetzt, die Wachskugeln manche nur schwer wieder heraus. Wer nicht mit Stöpseln zurechtkommt, kann Kopfhörer mit Musik benutzen oder (allerdings teure!) professionelle Ohrschützer verwenden.
- die Glockenautomatik auszuschalten, wenn die Glocken außerhalb der regulären Zeiten geläutet werden. Es kann sonst zu Schäden an der Glocke kommen.
- die Kirchenvorsteher*innen vorab darüber zu informieren, dass die Glocken geläutet werden, damit sie im Ort auskunftsfähig sind.
- die Sicherheit im Glockenturm zu prüfen: Wie ist der Aufstieg? Wie viele TN können maximal sicher um die Glocke stehen, wenn sie schwingt? Wie laut ist die Glocke mit Ohrstöpseln?
- die Unterstützung durch 2–3 Teamer*innen zu organisieren.
- im Gottesdienst bei der Begrüßung auf das Projekt hinzuweisen,

damit die Gottesdienstbesucher sich nicht über die Konfis mit Ohrstöpseln wundern oder empören.
- durch frühzeitige Absprachen sicherzustellen, dass die Konfis auch tatsächlich zum Gottesdienst kommen.
- zur Auflage zu machen, dass sie während des betreffenden Gottesdienstes nicht nebeneinandersitzen und sich ablenken.

8 Pädagogisches Potenzial

Die vorgestellte Einheit unternimmt einen Versuch des *leiblichen Lernens* (vgl. Leonhard 2006). Neben kognitiven Anforderungen wird das Körperbewusstsein geschärft. Die Bewegung im Kirchraum und die sinnliche Entfremdung im Gottesdienst erhöhen die Partizipationsbereitschaft derjenigen, die sich im Stuhlkreis und Kirchenschiff sonst weniger wohlfühlen. Die Einübung und Sensibilisierung einer Wahrnehmungsfähigkeit gehört zu den Grundvoraussetzungen, einen Zugang zur Religion zu finden. Nur wer wahrzunehmen lernt, also Erlebtes als Ausdruck wiederzugeben imstande ist, wird das Leben in seiner religiösen Dimension reflektieren können.

Die spielerische und zugleich ernsthafte Begegnung mit dem Kirchraum hält unterschiedliche Wahrnehmungsanforderungen und -angebote bereit. Die schlagende Glocke dringt durch Mark und Bein. Das Duftöl schmeichelt manchen Nasen und sticht in andere. Der Lieblingsort in der Kirche drängt sich weniger reizvoll auf. Auch die gezielte Verminderung der Erlebnisfähigkeit durch die Ohrstöpsel im Gottesdienst aktiviert die Aufmerksamkeit der übrigen Sinne. Und schon ist (zumindest dieser eine) Gottesdienst weniger langweilig, und damit werden alle folgenden hoffentlich verbindlicher und verständlicher.

Der Wechsel des Settings stärkt den Zusammenhalt: Die Umgebung wechselt, die Zusammensetzung der Gruppe stellt Kontinuität her. Im Gottesdienst werden die Ohrstöpselkonfirmand*innen von anderen Gottesdienstbesucher*innen beäugt. Diese Exklusivität stiftet Gruppenidentität und ermöglicht Fraktionen, sich als Teil der größeren Gemeinschaft zu erfahren.

In der Auswertung der Fragebögen haben die KuK niederschwellig Gelegenheit, mit ihren Gedanken zu Wort zu kommen:

Antworten können vorgelesen werden oder sich erst im Gespräch entfalten. Hier haben alle dieselben Fragen vor Augen und können auf ein gemeinsames Erlebnis rekurrieren.

Literatur

Leonhard, S. (2006): Leiblich lernen und lehren. Ein religionsdidaktischer Diskurs. Stuttgart.

3 Kirch:tRaum² – spielerisch-künstlerische Erkundungen auf einem Quadratmeter Kirchboden

Dorothée Böcker

1 Die Idee

Vielleicht waren die Konfirmand*innen schon oft in ihrer Kirche und kennen die Räume in- und auswendig. Vielleicht waren sie bisher eher selten hier. Ganz egal, wie ihre Erfahrungen mit dem Kirchraum sind, es lohnt sich, die Gruppe zu einer Raumexpedition eigener Art einzuladen. Diese bietet den Konfirmand*innen die Möglichkeit, sich über eine künstlerische Auseinandersetzung in einer neuen Weise mit dem Kirchraum, seinen Funktionen, seinen Bedeutungen, seiner Geschichte und seinen Möglichkeiten auseinanderzusetzen. Die Konfirmand*innen erfahren durch einen ästhetischen Forschungsprozess, dass ihre Kirche, der Kirchraum, »nichts Gegebenes« an sich ist, sondern ein von verschiedenen Wahrnehmungen, Deutungen und Bezügen durchdrungenes Feld. Wie wäre es, sich für eben dieses Feld eine neue Vision auszudenken? Eine gemeinsame Utopie zu entwickeln, und sei es nur für einen einzigen Quadratmeter Kirchraum, bringt persönliche und gemeinsame Wünsche, Träume und Sehnsüchte ans Licht.

Für eine solche Kirchraumexpedition bietet die Methode der Quadratmeterforschung eine geeignete Herangehensweise. Die Quadratmeterforschung wurde von Claudia Hummel entwickelt (www.kontextschule.org) und ist eine ästhetisch-künstlerische Art, sich nach bestimmten Regeln spielerisch seine Umgebung anzueignen.

Für das Projekt »Kirch:tRaum²« wird die Gruppe der Konfirmand*innen in Kleingruppen aufgeteilt. Jede Kleingruppe einigt sich im Kirchraum auf einen Quadratmeter, der bei ihr spontan das Interesse weckt, einmal genauer unter die Lupe genommen zu werden. Die von den Kleingruppen ausgewählten Quadratmeter werden mit zwei Zollstöcken (zwei rechte Winkel zu je einem Meter) abgesteckt. Dann werden diese Quadratmeter von ihrer Kleingruppe in einem ersten Schritt genau untersucht und die Forschungsergebnisse schriftlich festgehalten.

In einem zweiten Schritt entwickeln die Gruppen in einem Gedankenexperiment für ihr Quadrat im Dialog einen gemeinsamen Traum, eine gemeinsame Vision. Sie können diese dann temporär auf ihrem Quadrat in Form von Tape Art, als szenische Darstellung oder in Textform erarbeiten. Am Ende der Forschung steht eine Präsentation für alle, ggf. auch im Rahmen eines Gottesdienstes oder eines Gemeindefestes.

2 Wo und für wen?

Die Quadratmeterforschung ist zu Beginn der Konfirmandenzeit eine gute Methode, damit sich die Gruppe der Konfirmand*innen mit Kirche und Kirchräumen auseinandersetzt. Die Quadratmeterforschung lässt sich in einer kurzen Variante an einem Nachmittag sowie als längere Variante an einem Konfirmandentag oder über zwei bis drei wöchentliche Treffen durchführen.

3 Das Material

Für jede Kleingruppe braucht es 2 Zollstöcke, Stifte und Papier, Klemmbretter, Klebeband (buntes Tape), Metaplan-Papier, Farben, Forschungsutensilien (Lupen, Pinzetten etc.), Digitalkamera zur Dokumentation.

4 Die Vorbereitung

Es ist klug, vor der Umsetzung die für den Kirchraum Verantwortlichen vom Vorhaben in Kenntnis zu setzen, sie zu fragen, wie der Boden beschaffen ist und ob darauf temporär Quadrate abgeklebt und mit Tape Art gestaltet werden dürfen. Im Zweifel lässt sich Kreppklebetape von den meisten Untergründen am besten rückstandsfrei ablösen. Im Vorfeld fällt auch die Entscheidung, ob man die Quadratmeterforschung in kurzer oder längerer Variante durchführen will.

Die Gruppe lässt sich auf einen ergebnisoffenen Prozess ein. Die Konfirmand*innen werden durch ihre Forschung im Kirchraum ungewöhnliche und mitunter auch unbequeme Fragen zur Geschichte der Kirche oder Bezügen innerhalb der Gemeinde stellen. Und sie werden möglicherweise für ihr Quadrat ungewöhnliche und unbequeme Visionen einer »TraumKirche« entwickeln. Darauf gilt es, vorbereitet zu sein und auftretende Konflikte (ggf. auch mit der Gemeinde) wertschätzend zu moderieren.

5 So geht's

1. *Gruppen aufteilen (5 Min.)*
   3–5 Personen bilden eine Kleingruppe. Sie bekommen als Ausstattung: 2 Zollstöcke, 1 Aufgabenzettel, pro Person einen Stift und einen Zettel sowie Klemmbretter.
2. *Quadratmeter finden und erforschen (40 Min.)*
   Aufgabe: Ihr habt 40 Minuten (ggf. mehr) Zeit. Sucht euch ein Stück Bodenfläche im Kirchraum, das euer gemeinsames Interesse weckt. Legt die Zollstöcke so aus, dass sie einen Quadratmeter umgrenzen. Nun untersucht ihn in folgenden Schritten:
   - Untersucht und sammelt bitte alle Dinge, die sich auf dem ausgewählten Quadratmeter befinden.
   - Notiert alle Dinge, die euch wichtig sind.

   Wie (und eventuell von wem) sind die Dinge auf diesem Quadratmeter gestaltet? Wie sind diese Dinge mit dem Außen des Quadratmeters, mit dem sonstigen Kirchraum/der Welt verbunden bzw. was gestalten diese Dinge?

   Notiert eure Gedanken, damit ihr sie später den anderen vorstellen könnt. Folgt bei eurer Forschung euren spontanen Assoziationen.
3. *Forschungsergebnisse präsentieren (40 Min.)*
   Die Konfi-Gruppe geht von Quadrat zu Quadrat und lässt sich von der Kleingruppe die spannendsten Erkenntnisse vorstellen. Dafür hat jede Kleingruppe gleich viel Zeit.
4. *Vision entwickeln (40 Min.)*
   Diskussion in den Kleingruppen: Was würdet ihr tun, wenn euch dieser Quadratmeter im Kirchraum zur freien Verfügung stünde?

Was ist euch wichtig? Wonach sehnt ihr euch? Was vermisst ihr in eurer Kirche?

In dieser Phase sollten die Kleingruppen in ihrem Diskussionsprozess unterstützt werden, indem die Anleitenden sich von Zeit zu Zeit zu den einzelnen Gruppen gesellen.

5. *Vision visualisieren (40 Min.)*

Die Kleingruppen haben Gelegenheit, ihre Vision in Form von Tape Art, szenischer Darstellung oder eines Textes zu visualisieren. Wenn nicht direkt auf den Boden getapt werden darf, dann empfiehlt es sich, aus einem Metaplanpapier einen Quadratmeter als Untergrund zum Bekleben zuzuschneiden.

6. *Vision präsentieren (40 Min.)*

Die Gesamtgruppe geht von Quadrat zu Quadrat. Die Kleingruppen präsentieren ihre Visionen, z. B. in Form eines Textes, eines szenischen Anspiels, eines Tape-Bildes. Jede Gruppe hat für die Vorstellung ihrer Ergebnisse gleich viel Zeit.

6 Organisatorische Hinweise

Die einzelnen Phasen können an einem Tag stattfinden. Dann müssen zusätzliche Pausen eingeplant werden. Möglich ist auch eine Aufteilung auf drei Stunden in drei aufeinanderfolgenden Wochen:

1. Einstieg, Quadratmeterforschung und Präsentation der Forschungsergebnisse.
2. Erinnern an letzten Termin, Vision entwickeln und Vision visualisieren.
3. Visionen präsentieren, z. B. als Kulturevent (Ausstellung, Theater, Lesung etc.).

7 Das bringt es

Die Methode der Quadratmeterforschung stärkt die Raumaneignung mit allen Sinnen durch Fokussierung auf eine strukturierte Auseinandersetzung mit Teilen des Kirchraumes. Sie ermöglicht einen gemeinsamen Wissenszuwachs zu liturgischen und geschichtlichen Abläufen sowie Bedeutungen des Raumes. Das Projekt ermöglicht die Identifikation mit dem Kirchraum. Somit ist es ein Signal und eine Ermutigung zu mehr Beteiligung und Teilhabe: »Ihr Konfirmand*innen seid Teil der Gemeinde und nehmt an ihren Entscheidungsprozessen teil!«

8 Da geht noch mehr

Die Quadratmeterforschung lässt sich auf andere Räume und Gruppen anwenden. Warum nicht im Stadtraum um die Kirche herum forschen und neue Potenziale entdecken? Oder im Rahmen eines Gemeindetages mit dem Blick aller Generationen Kirche oder Gemeindehaus erkunden und gemeinsam neue Visionen für das Gemeindeleben entwickeln? Parallel oder vorausgehend lassen sich Themen wie »Grenzen«, »Eigenes und Fremdes«, »Ankommen in neuen Territorien«, »Rückzugsort«, »heiliger Raum« oder auch »Neuland« bearbeiten.

4 »Warum seid ihr solche Schisser? Gott ist doch hier.« – Arbeit an Hörspielen

Nicolas Budde

Sobald biblische Geschichten in der Konfi-Zeit thematisiert werden, geht ein Stöhnen durch die Reihen. Zu weit entfernt scheinen die alten Texte von den alltäglichen Erfahrungen der Jugendlichen. »Biblische Geschichten sind doch langweilig!« Und das stimmt, solange sie nichts mit den Konfirmand*innen und ihrer Lebenswirklichkeit zu tun haben. Wenn die Sprache zu schwierig und die Geschichten zu »alt« wirken. Dabei unterhalten sich Jugendliche oft über Geschichten. Über »Die Tribute von Panem«, »Harry Potter« oder »Twilight«. Über Filme oder über Musik. Dort können sie Dialoge mitsprechen und fühlen sich von den Themen und Handlungen angesprochen. Also wenn schon Bibel, dann doch bitte als Film, Hörspiel oder Hörbuch! Warum eigentlich nicht? Warum nicht ein biblisches Hörspiel von Jugendlichen? Einfach mal machen.

Durch ein selbst zu gestaltendes Hörspiel ist eine intensive Beschäftigung mit dem biblischen Text gegeben. In die Lebenswirklichkeit und Sprache der Jugendlichen übertragen, gewinnt dieser an Bedeutung. Kein abstraktes Reden über die biblischen Geschichten, sondern Teil der Geschichten werden und von diesen erzählen. Einfach mal machen!

1 Vorbereitung

Um den Jugendlichen die Möglichkeit zu geben, sich in die Geschichten zu vertiefen und mit Ruhe und Konzentration zu arbeiten, planten wir diese Einheit für die Konfirmandenfahrt zum Thema »Geschichten der Bibel – ›Und was hörst du so?‹«. Da wir an die Ostsee reisten, wählten wir vier Seegeschichten für die Hörspiele aus. Auch die übrigen Inhalte der Fahrt (Andachten, Spiele, Freizeit) beschäftigten sich mit dem Thema »Meer«. Die vier Geschichten waren Erzählungen der Jünger, die von der Gemeinschaft mit Jesus berichteten. Nun änderten wir die Perspektive, und die Jugendlichen wurden selbst zu den Erzählenden.

Die Grundvoraussetzung für ein Hörspiel ist eine solide technische Ausstattung, sonst macht es keinen Spaß. Das Aufnahmegerät besorgten wir über die Arbeitsstelle für Jugendarbeit im Kirchenkreis. Wir wählten ein externes Aufnahmegerät, das nicht mit dem Rechner verbunden ist. Im Anschluss wurden die Dateien auf einen PC überspielt. Das externe Aufnahmegerät bietet mehr Flexibilität, weil das »Tonstudio« verlassen werden kann, z. B. um Klangaufnahmen in der Natur zu machen. Es ist handlich, und es gibt keinen Kabelsalat durch die ständige Verbindung zum Rechner, was auch für die Inszenierung bei der Aufnahme von Vorteil ist. Später kann das Tonmaterial am Rechner über- und bearbeitet werden. Die meisten Hörspiele kommen ohne Nachbearbeitung aus, da jede Aufnahme wiederholt werden kann. Sollte eine Nachbearbeitung notwendig sein, finden sich Jugendliche, die daran Freude haben.

Um die Aufnahmen später in guter Qualität abspielen zu können, braucht es vor allem Ruhe. Idealerweise gibt es einen Raum der als »Tonstudio« fungiert und gut isoliert ist. Decken und Tücher tun es letztlich auch.

Es bietet sich an, alle für die Arbeit genutzten Räume thematisch passend zu gestalten. So können die Jugendlichen beim Betreten direkt in ihre Geschichte einsteigen. Je kreativer die Räume dekoriert sind, umso stärker inspirieren sie die Jugendlichen. Wir haben mit Fischen, Booten, Fischernetzen, Wasser und maritimen Farben gearbeitet. Diese Mühe übertrug sich auf die liebevollen Erzählungen der Jugendlichen.

2 Die Einheit

Als Einstieg haben wir uns im Plenum spielerisch dem Erzählen von Geschichten genähert. Hierzu spielten die Jugendlichen »Stille Post«, tauschten sich über unterschiedliche Hörbücher und Hörspiele aus und machten kleine Sprech- und Stimmübungen.

Im Anschluss begannen wir, das »Handwerkszeug« zu erlernen. In Kleingruppen wurden Ausschnitte aus verschiedenen Hörbüchern und Hörspielen gehört. Die Konfirmand*innen konnten sich dem

Hörstück zuordnen, welches sie am meisten ansprach. In Kleingruppen wurde analysiert, wie das Gehörte empfunden wurde, was besonders gut ankam und warum. Anhand bekannter Stimmen im Hörbuch- und Hörspielbereich arbeiteten die Jugendlichen heraus, welche Sprecharten und Varianten ihnen am meisten zusagen und welche Techniken es ermöglichen, Dramaturgie auf- und abzubauen. Sowohl Gedichte als auch biblische und außerbiblische Hörstücke waren dabei. »Die Bibel« gelesen von Ben Becker, »Das kleine Gespenst« von Nora Tschirner oder »Mondnacht« von Gert Westphal. Die unterschiedlichen Erkenntnisse wurden von den Jugendlichen in Form eines kleinen Handbuches zusammengetragen und jeder Gruppe als Leitfaden mitgegeben. So wurde z. B. festgestellt, dass die Sprache klarer und akzentuierter klingt, wenn man bei der Aufnahme steht. Eine gute Körperspannung und zum Text passendes Gestikulieren machten sich ebenfalls positiv bemerkbar!

Später bildeten die Konfirmand*innen vier Gruppen und bekamen »ihren« Raum und eine biblische Geschichte zugeteilt, die sie kennenlernen, umschreiben, umgestalten, neu erfinden und aufnehmen konnten. Sie erhielten klare Aufträge und Impulse für die Arbeit. Beispielsweise sollten frühzeitig Rollen verteilt werden, damit bereits in der Vorbereitung eine Identifikation stattfinden konnte.

Arbeitsaufträge und Impulse
- Textarbeit: Markiert im Text mit farbigen Stiften die verschiedenen Elemente wie Geräusche, Figuren, Erzähler, Ortswechsel usw.
- Identifikation: Mit wem kannst du dich identifizieren? In welche Figur kannst du dich hineinversetzen und warum? Gehe jede Person in Gedanken durch.
- Stimme: Stellt euch die Szene wie ein Bild vor. Versucht mit euren Worten so davon zu erzählen, dass euer Auditorium ein Bild im Kopf bekommt.
- Wie macht man Geräusche? Ihr könnt sie selbst machen und im Vorfeld mit dem Handy aufnehmen und bei der Aufnahme abspielen. Oder ihr ladet die benötigten Geräusche aus dem Internet herunter.

Ablauf

Zunächst stand die Auseinandersetzung mit dem Text im Vordergrund, wobei die Jugendlichen mit leitenden Fragestellungen unterstützt wurden: »Welche Gefühle haben die Charaktere der Geschichte? Was macht den Ort der Geschichte aus? Wer ist die wichtigste Person? Was erkennst du wieder?« Dann ging es ans kreative Schreiben. Hier ließen wir ihnen freie Hand. Sie konnten umformulieren, neu schreiben oder alles lassen, wie es war. Im Anschluss wurden die fertigen Texte gründlich geübt, an Inszenierung und Sprachqualität gearbeitet und alles für die Aufnahme vorbereitet.

Schließlich hatte jede Gruppe 30 Minuten Zeit für die Aufnahme im Studio. Dank der unkomplizierten Technik konnten die Stücke sofort abgespielt und wiederholt aufgenommen werden. Auch spontane Ideen wurden hier noch berücksichtigt.

Als Abschluss der Einheit wurden alle Hörspiele im Plenum präsentiert, wobei auch auf die Entstehungsgeschichte eingegangen wurde (warum wir das wie gemacht haben). Und die Outtakes sorgten für jede Menge Spaß.

3 Fazit

Es war beeindruckend, mit welcher Begeisterung und Akribie sich die Jugendlichen an die Arbeit machten. Durch den großen Gestaltungsfreiraum und das ansprechende und lebensnahe Medium »Hörspiel« waren die Motivation und die Bereitschaft hoch, sich intensiv mit einem biblischen Text zu beschäftigen. Hierbei wurde nicht nur der Inhalt genau untersucht und gedeutet, auch die Form erhielt Beachtung.

Auf die Ergebnisse waren die Jugendlichen durchweg stolz und freuten sich, sie in einem Gottesdienst der Gemeinde vorzuführen. Die Hörspiele bildeten das Zentrum des Gottesdienstes und veranschaulichten sein Thema: »Ich und die Bibel.« Die Jugendlichen präsentierten ihre Hörspiele mit Erklärungen und luden damit die Gottesdienstgemeinde in ihre und die biblische Glaubenswelt ein. Für die Gemeinde war es eine besondere Erkenntnis, dass Jugendliche biblische Geschichten in ihre Lebenswirklichkeit übertragen und so aktualisieren, dass sie in der Gegenwart Bedeutung bekommen.

Alle Hörspiele luden zur Weiterarbeit ein. Diese Einheit kann den Auftakt bilden für eine thematische Reihe. In unserem Fall bot es sich anhand des Dialogs zwischen Jesus und Petrus an, über Rechtfertigung und Glauben zu sprechen.

Grundsätzlich lässt sich diese Idee in viele Bereiche übertragen, z. B. die Projektwoche an der Schule. Denkbar ist es auch, ein Gemeindepodcast einzurichten, verschiedene Gemeindegruppen ihr Hörspiel posten zu lassen und diese in einem Gottesdienst oder auf einem Gemeindeabend zusammenzuführen.

Schließen möchte ich mit dem Satz, der den Glauben auf den Punkt bringt, und der Jesus in den Mund gelegt wurde: »Warum seid ihr solche Schisser? Gott ist doch hier.« Einfach mal machen!

5 »Ich habe gesündigt« – Arbeit mit Gesten

Jens Mruczek

1 »Ich habe gesündigt«

»Ich habe gesündigt« ist für Jugendliche ein befremdlicher Satz. Schuld einzugestehen, fällt schwer. Obwohl Schuld auf den ersten Blick kein »zeitgemäßes« Thema zu sein scheint, berührt es die Lebenswelt der Jugendlichen. In der hier vorgestellten Konfi-Stunde geht es darum, den Jugendlichen eigene Zugänge zum Thema »Schuld« zu ermöglichen, ohne dass sie ihr Innerstes nach außen kehren müssen. Stattdessen wird das Thema anhand von biblischen Geschichten reflektiert. Zentral sind bei der Erarbeitung Gesten. Gesten drücken Emotionen und Einstellungen aus und sind – wenn auch kulturell determiniert – zeitlos. Bei der Inszenierung einer biblischen Geschichte mithilfe von Gesten wird die Zeitbezogenheit der Geschichte selbst irrelevant. Die Jugendlichen sehen die Gesten, vollziehen diese nach, sind damit »in der Geschichte« und tragen ihre eigenen Erfahrungen in die Geschichte ein.

2 Situation vor Ort

Die hier beschriebene Stunde im Rahmen der Konfirmand*innenarbeit wurde als Doppelstunde durchgeführt. Die beschriebene Stunde kann auch mit weniger oder mehr Konfirmand*innen durchgeführt werden. Lediglich beim ersten Teil ist darauf zu achten, dass in den Gruppen mehrere Jugendliche sind.

3 Vorbereitung und Material

Es ist wichtig, dass genügend Spielraum zur Verfügung steht. Dies gilt besonders für Teil 1. Für Teil 2 müssen Gruppenräume vorhanden sein.

Abb. 1: Beispiel einer Skulptur
(© Jens Mruczek)

Für Teil 1 wird eine Bibel und ein Stuhl gebraucht. In Teil 2 benötigt man entweder eine Skulptur, die der hier abgebildeten ähnelt (s. Abb. 1), eine Gliederpuppe (z. B. Biblische Erzählfigur nach Doris Egli) oder ein Foto von einer Skulptur.

Die Gruppenarbeit in Teil 2 können die Jugendlichen selbstständig lösen. Die Gespräche zur Reflexion erfordern ein hohes Maß an pädagogischem Können. Es werden hier jeweils mögliche Impulse vorgeschlagen. Wichtig ist daneben eine Spontaneität, um auf die Äußerungen der Konfirmand*innen adäquat eingehen zu können.

Im Vorfeld von Teil 1 ist die Rollenverteilung zu überlegen. Aufgrund der unterschiedlichen Rollen innerhalb der Gruppen ist es hilfreich, genau zu reflektieren, wer welche Rolle zugeteilt bekommt.

4 Plan

- 17:00 Uhr: Begrüßung, Lied, Impuls (Stuhlkreis, Gesangbuch)
  Gelegenheit zum Gespräch
- 17:10 Uhr: Szenische Inszenierung »Jesus und die Ehebrecherin« (Plenum)
  Aufstellung und Gespräch, anschließend Text lesen, noch einmal nachstellen
- 17:30 Uhr: Reflexion (Stuhlkreis)
  Gespräch über die Bedeutung der Geschichte

- 17:40 Uhr: Transfer (Gruppenarbeit)
  Geschichten zum Thema »Vergebung«
- 17:55 Uhr: Reflexion
  wichtige Gedanken für die Gruppe (Stuhlkreis)
- 18:00 Uhr: Pause
- 18:10 Uhr: Erarbeitung (Skulptur, Text, Gruppenarbeit)
  Der verlorene Sohn: Skulptur zeigen, Haltung zuordnen, Gruppen bilden zu den Rollen: Vater, Mutter, älterer Sohn, jüngerer Sohn und Gott
- 18:20 Uhr: Vorstellung der Gruppenergebnisse (Plenum, Stuhlkreis)
- 18:30 Uhr: Vertiefung und Transfer (Gruppenarbeit und Plenum)
  Einen Gestus (Standbild) finden, der den Inhalt der Geschichte ausdrückt. Bedeutung der Geschichte klären. Schuld und Vergebung – Vor Gott? Vor Menschen?
- 18:40 Uhr: Präsentation und Reflexion (Plenum, Stuhlkreis)
- 18:55 Uhr: Abschluss: Gebet, Segen (Stuhlkreis)

5 Durchführung

Die beschriebene Konfi-Stunde gliedert sich in die Erarbeitung von zwei biblischen Geschichten. Am Beginn stehen ein kurzer Impuls und ein Lied, am Schluss folgen Gebet und Segen. Damit wird ein liturgischer Rahmen geschaffen, der den Jugendlichen vertraut ist und ihnen Sicherheit gibt.

Teil 1

Bei der ersten Erarbeitung geht es um die Geschichte der »Ehebrecherin« aus Joh 8,2–11. Methodisch wird sie nur mit Gesten inszeniert. Ihr Ablauf wird mit den Konfirmand*innen nachgestellt. Sie werden durch die Leitung »dirigiert«, alle sind daran beteiligt. Zwei Konfirmand*innen fungieren als Beobachter*innen, sie können sich im Raum frei bewegen und werden ab und zu gefragt, wie sie die Situation wahrnehmen. Einziges Requisit ist ein Stuhl. Alle Konfirmand*innen stehen an einer Seite des Raumes, der Stuhl wird ihnen gegenüber aufgestellt. Nun beginnt die Inszenierung.

Leitung: »Wir inszenieren heute gemeinsam eine biblische Geschichte. Dabei geht es zunächst nur um die Gesten und die Handlungsabläufe. Anhand dieser Gesten schauen wir uns dann an, worum es in der Geschichte geht. Alle werden gleich in eine Rolle gebracht. Ihr braucht nichts zu sagen, sondern euch nur so hinzustellen und zu bewegen, wie ich es sage. Zwei von euch sind Beobachtende, sie können sich im Raum frei bewegen. Ab und zu werde ich sie fragen, wie sie die Szene wahrnehmen.«

Anschließend werden die Beobachter*innen festgelegt.

Dann wählt die Leitung einen Jungen aus, der sich auf den Stuhl setzt. 3–10 Konfirmand*innen werden dahinter positioniert.

Leitung fragt die Beobachter*innen: »Wie wirkt diese Szene auf euch?« Die Beobachter*innen nehmen die Szene z. B. als eine Familienkonstellation war, etwa für ein Familienfoto. Das Oberhaupt sitzt, alle anderen stellen sich drum herum auf.

Anschließend wählt die Leitung eine Konfirmandin aus und stellt sie im Abstand von ca. 2 m vor den sitzenden Jungen. Die übrigen Konfirmand*innen werden hinter sie gestellt. Sie sollen mit dem Finger auf die Konfirmandin in der Mitte zeigen.

Leitung fragt erneut die Beobachter*innen: »Wie nehmt ihr die Szene jetzt wahr?« Nun erinnert sie die Szene vielleicht an ein Gericht. Die sitzende Person ist der Richter und vor den Richter wird eine Angeklagte gebracht.

Dann soll die sitzende Person aufstehen und sich vor dem Stuhl hinhocken. (An dieser Stelle wird bewusst darauf verzichtet, dass die Person mit dem Finger auf den Boden schreibt. Eventuell könnte dadurch der Bezug zur Geschichte hergestellt werden, der an dieser Stelle eher die Assoziationen hemmt.) Wiederum beschreiben die Beobachter*innen, was sie wahrnehmen: Die Situation hat sich völlig verändert. Die sitzende Person, die sie eben noch für den Richter gehalten haben, wirkt nun eher wie der Angeklagte und umgekehrt.

Dann beginnt eine Aneinanderreihung von Szenen, die nicht durch Beobachtungsphasen unterbrochen wird. Zunächst steht die noch kniende Person wieder auf, hockt sich dann wieder hin. Anschließend nehmen die Personen in der Mitte die Finger wieder herunter und entfernen sich langsam, schließlich auch die von Anfang an neben der sitzenden Person Stehende. So bleiben nur die hockende und die stehende Person übrig, zum Schluss stehen sich beide Auge in Auge gegenüber.

Zum Schlussbild werden die Beobachter*innen von der Leitung gefragt: »Wie nehmt ihr die Szene jetzt wahr?« Die Beobachter*innen schildern die beiden Figuren z. B. als gleichberechtigt.

Nun setzen sich alle in den Stuhlkreis und die Übung wird reflektiert. Wichtig ist zunächst, den Gedanken der Jugendlichen Raum zu geben. Mögliche Fragen könnten sein: »Welche Gedanken gingen dir durch den Kopf? Wie hast du deine Rolle wahrgenommen? Wie passend waren für dich die Bemerkungen der Beobachter*innen?« Es ist wichtig, alle Rollen zu befragen. Wenn die Jugendlichen die Geschichte nicht kennen, assoziieren sie nur aufgrund der Handlungsabläufe. Schließlich werden die Jugendlichen gebeten, zu erzählen, worum es in der Geschichte aus ihrer Sicht geht. So können eigene Erfahrungen in die Geschichte einfließen. Dass es sich um eine Geschichte aus dem Neuen Testament handelt, ist erst einmal weniger wichtig.

Erst jetzt wird Joh 8,2–11 vorgelesen. Dazu begeben sich die Jugendlichen wieder in die Position, die sie vorher eingenommen haben und vollziehen die Bewegungen noch einmal.

In der anschließenden Reflexion ist darauf zu achten, dass eine Beziehung zur vorherigen Interpretation der Jugendlichen hergestellt wird: »Wurde die Geschichte ähnlich interpretiert? Woran lag dies? Gab es Abweichungen? Warum? Reflektiert wird insbesondere das Verhalten Jesu: Warum hockt er sich hin? Was wird ausgedrückt durch den Satz ›Wer unter euch ohne Sünde ist, der werfe den ersten Stein‹?«

Schließlich geht es darum, was die Geschichte insgesamt aussagt und wie sie wohl heute verlaufen würde. Der Begriff »Vergebung« kann in diesem Zusammenhang thematisiert werden und ausgehend von der Geschichte die Verbindung von (eigener) Schuld und Vergebung. Im Anschluss folgt eine Pause.

Teil 2

Das Gleichnis Lk 15,11–32 wird im zweiten Teil thematisiert. Den Ausgangspunkt bildet jedoch nicht der Text, sondern eine Skulptur (s. Abb. 1), die die Jugendlichen in die Hand bekommen, oder eine andere bildliche Darstellung. Hierbei ist besonders auf diese besondere Geste bzw. Körperhaltung zu achten und darauf, was durch sie ausgedrückt wird. Alle Assoziationen sind möglich, keine wird als »richtig« oder »falsch« bewertet.

Dann wird die Gruppe in mehrere Gruppen aufgeteilt und jede Gruppe ggf. wiederum in Zweier- oder Dreiergruppen. Den Gruppen werden Personen aus dem Kontext der Geschichte zugeordnet: Vater, Mutter, älterer Sohn, jüngerer Sohn, Gott. Aufgabe für die Konfirmand*innen ist nun, Lk 15,11–32 in der Übersetzung der BasisBibel zu lesen und in den Gruppen zu erarbeiten, was die ihnen zugewiesene Person aus dieser Haltung heraus sagen könnte.

Die Jugendlichen suchen sich dafür eine Szene aus der Geschichte aus, die für sie zu der Haltung in Bezug auf die zugewiesene Person passt. In der Kleingruppe nehmen sie die Haltung ein und üben, was die Person sagen könnte. Dann kommen die Personengruppen zusammen (z. B. alle, die »Vater« hatten usw.) und stellen sich ihre Ergebnisse vor. Sie wählen aus, was sie im Plenum präsentieren wollen.

Schließlich werden die fünf Rollen im Plenum vorgestellt, auf ihre Plausibilität hin geprüft und nach Alternativen gefragt.

In der oben beschriebenen Übung zu Lk 15 wird ein Gestus vorgegeben, und die Jugendlichen sollen überlegen, welcher Text in welcher Rolle dazu passt. Nun sollen sie selbst einen Gestus entwickeln. Wichtig ist: Es soll eine Geste sein, die den Inhalt der Geschichte am besten zum Ausdruck bringt. Wiederum wird in Zweier- und Dreiergruppen gearbeitet. Bei der Präsentation werden die Gesten jeweils dargestellt, und die anderen interpretieren, was dadurch zum Ausdruck gebracht wird. Dargestellt wird durch die Jugendlichen beispielsweise, wie der Vater beiden Söhnen die Hand reicht.

In der Abschlussreflexion wird nach dem Zusammenhang zwischen den beiden biblischen Geschichten gefragt sowie danach, inwiefern sie zeitgemäß sind. Der Begriff »Vergebung« wird thematisiert: »Welches Verständnis von Vergebung drückt sich in den Geschichten aus? Welche Veränderungen geschehen bei den Personen durch die Vergebung?«

Den Abschluss bilden das Vaterunser und der Segen.

6 Stolpersteine

Teil 1

Augenmerk ist bei der ersten Übung auf die Auswahl der Personen zu legen, besonders auf die Person in der Mitte, auf die mit den Fingern gezeigt wird. Hier sollten nur Jugendliche ausgewählt werden, die dies nicht persönlich auffassen. Alternativ können natürlich auch die Geschlechter getauscht werden. Bei den Beobachter*innen sollten vornehmlich Jugendliche ausgewählt werden, von denen angenommen wird, dass es ihnen schwerfällt, in der Rolle zu bleiben.

Beim Vorlesen von Joh 8,2–11 kann es sein, dass nicht alle Jugendlichen gleich ihre Rolle dem Text entnehmen. Hier ist es sinnvoll zu warten bzw. die entsprechenden Jugendlichen direkt anzuschauen.

Möglich ist, dass die Bemerkungen der Beobachter*innen in andere Richtungen gehen, als der Text nahelegt. In diesem Fall ist es wichtig, hinterher zu prüfen, ob ihre Interpretationen des Textes auch möglich wären.

Teil 2

Sofern keine derartige Skulptur vorhanden ist, kann mit einem entsprechenden Bild gearbeitet werden oder auch mit einer Gelenkpuppe, die in eine ähnliche Position gebracht wird.

Es ist für manche Jugendliche schwer, die Rolle einer Person einzunehmen, die nicht im Text vorkommt (Mutter, Gott), doch sind diese meist besonders kreativ.

7 Zur Vertiefung

Zur Vertiefung der Texte ist es möglich, ein Texttheater zu machen. Hierfür bekommen die Jugendlichen den ausgedruckten Text und markieren bis zu fünf Wörter oder Redewendungen, die für sie wichtig sind. Dann werden Gruppen mit je fünf Jugendlichen gebildet. Diese stellen sich die markierten Begriffe vor und entwerfen aus ihnen eine Textaufführung. Dabei sind der Fantasie der Jugendlichen keine Grenzen gesetzt. Die Wörter können laut und leise gelesen werden, wiederholt oder einmalig, chorisch oder einzeln etc. Wichtig ist, dass keine weiteren Begriffe hinzukommen. Wenn die Jugendlichen den Text aufgeführt haben, stellt sich die Frage, welchen Akzent sie mit der Aufführung in Hinblick auf den Ausgangstext gesetzt haben.

Möglich sind auch Installationen aus allem, was vor Ort ist: Die Konfis erschaffen Kunstwerke, mit denen sie die Begriffe »Schuld« und »Vergebung« veranschaulichen. Dazu muss kein besonderes Material besorgt werden. Die Jugendlichen arbeiten mit dem, was vorhanden ist. Wichtig: Alles Verwendete muss anschließend wieder in den vorherigen Zustand gebracht werden können.

6 Dankbarkeit & Instagram – Social Media in der Arbeit mit Konfirmand*innen

Theresa Brückner

1 Idee

Die Kommunikation über das Smartphone ist für 14- bis 17-Jährige gleichwertig mit dem direkten Gespräch, die Sozialen Medien sind somit unverzichtbare Infrastruktur für soziale Teilhabe. Eine Einbindung dieser Infrastruktur der Jugendlichen in die KA hilft, ihnen auf Augenhöhe und in ihrer Lebenswelt zu begegnen. Als Thema erschien in diesem Kontext besonders passend die Kommunikation mit Gott. So entstand das Konfirmand*innen-Projekt: Dankbarkeit & Instagram. In dem Projekt geht es darum, sich der alltäglichen Dinge seines Lebens bewusst zu werden, für die man dankbar sein kann, und auch der Dankbarkeit selbst Aufmerksamkeit zu schenken. In einer Art Foto-Gebet über die App Instagram wird Gott im Rahmen eines insgesamt dreiwöchigen Projekts dafür Danke gesagt.

2 Situation vor Ort

Das Instagram-Projekt wurde mit einer Gruppe von 35 Konfirmand*innen und zehn Teamer*innen ausprobiert und erfolgreich durchgeführt. Die beiden Arbeitseinheiten können so modifiziert werden, dass sie auf andere Gruppen und Gruppengrößen übertragen werden können und mit entsprechenden Arbeitsaufträgen oder Materialien funktionieren. Das Projekt fand in der Mitte der KA-Zeit im Rahmen von wöchentlichen Treffen statt. Das Thema »Vaterunser« war dem Projekt vorausgegangen, weshalb das Gebet für die Teilnehmenden keine völlig neue Thematik war.

3 Vorbereitungen

Vor dem Start des Projekts ist es sinnvoll, sich mit der App Instagram vertraut zu machen, dort selbst ein paar Dinge auszuprobieren und die Datenschutzbedingungen zu kennen. Hierfür empfehle ich die Seite: www.datenschutz.ekd.de

Für die Vorbereitung ist es empfehlenswert, mit den Teamer*innen zu sprechen, ob die App Instagram von den Jugendlichen gern verwendet wird oder ob ggf. eine andere Social-Media-Plattform verwendet werden sollte.

Als Voraussetzung für die Arbeitseinheit sollte den Konfirmand*innen WLAN vor Ort zur Verfügung stehen. Jugendliche haben oftmals nur ein eng begrenztes Datenvolumen, das sie ungern für andere Dinge als ihre geplanten verwenden.

Bevor das Projekt startet, muss ein Instagram-Account eingerichtet werden, der ausschließlich für dieses Projekt verwendet wird. Jugendliche haben Freude an Social Media, nutzen ihre eigenen Accounts jedoch fast ausschließlich privat. Meiner Erfahrung nach ist für Jugendliche bei einem Projekt-Account, der von allen genutzt wird, die Hemmschwelle niedriger, Fotos zu posten. Sie sind motivierter zu überlegen, wofür sie in ihrem Leben dankbar sind, wenn der von ihnen gepostete Beitrag nicht von allen Klassenkamerad*innen gesehen werden kann. Falls gewünscht, ist somit Anonymität gegeben.

Der Account wird während des Projektes von allen Teilnehmenden gemeinsam genutzt. Es sollte also ein Account-Name gewählt werden, der griffig ist, zum Thema, zum Ort oder der Gemeinde passt, und ein Passwort, das von allen verwendet werden kann und nicht auf andere eigene Passwörter hinweist. Beim Einrichten sollte darauf geachtet werden, dass eine E-Mail-Adresse hinterlegt ist, bei der man schnell auf den Spam-Ordner zugreifen kann. Man kann selbst entscheiden und überlegen, ob der Account für die Zeit des Projektes auf »öffentlich« (jeder kann die Fotos einsehen) oder »privat« (nur diejenigen, die dem Account folgen, können die Fotos sehen) gestellt wird.

Gut ist es, wenn die Gruppe für das Projekt einen eigenen Hashtag kreiert. Dieser sollte mit dem Projekt- bzw. Accountnamen in

Verbindung stehen oder mit dem Ort und etwas ausgefallener sein. Der Hashtag #dankbar wird beispielsweise so oft verwendet, dass meiner Erfahrung nach die eigenen Beiträge bei Verwendung dieses Hashtags unter den vielen Bildern, die so gekennzeichnet sind, verschwinden.

4 Welches Material wird benötigt?

Die Besonderheit dieser Arbeitseinheit ist, dass alle Konfirmand*innen ihr Smartphone mitbringen müssen. Doch gibt es immer auch Konfirmand*innen, die kein eigenes Smartphone besitzen. Es besteht die Möglichkeit, Instagram auch über die Homepage vom Computer aus zu öffnen. Somit ist die Person nicht ausgeschlossen und kann die Aktion online verfolgen. Es können auch Patenschaften vergeben werden, sodass ein*e andere*r sich in der Zeit darum kümmert, dass die Person auf dem neuesten Stand bleibt und gemeinsam Fotos gemacht werden können.

Materialien für die erste Stunde
- DIN-A4-Blätter mit verschiedenen Promi-Zitaten zum Thema »Gebet«. Der Name sollte auf der Rückseite stehen, damit das Zitat den Promis nicht automatisch zuzuordnen ist. Zitate sind zu finden auf: www.promisglauben.de
- Ein Beamer und ein mit dem Internet verbundener Laptop, auf dem sowohl YouTube als auch die Seite www.instagram.com geöffnet ist. Alternativ könnte zur Visualisierung des Instagram-Accounts auch ein Smartphone an den Beamer angeschlossen werden, wenn ein entsprechender Adapter vorhanden ist.
- Bibeln

Materialien für die zweite Stunde
- Video mit allen Beiträgen
- Beamer und Laptop oder optional alle Beiträge als Fotos ausgedruckt
- Material für eine Feedbackmethode
- Bibeln, Arbeitsblätter, Papier und Stifte

5 Personal

Ich empfehle Teamer*innen oder mindestens eine*n Jugendliche*n, die*der sich gut mit der App Instagram auskennt und Spaß am Posten der Beiträge hat. Sollten keine Teamer*innen bei dem Projekt helfen können, ist es empfehlenswert, wenn eine weitere Person, die sich gut mit Instagram auskennt, das Projekt und besonders die erste Arbeitseinheit betreut. Einige Konfirmand*innen könnten zu Instagram und zum Posten von Beiträgen Fragen haben. Um allen gerecht zu werden, sollte man mindestens zu zweit sein.

6 Plan

1. Stunde (90 Min.)

1. YouTube Video (Plenum)
   Material: Poetry-Slam »Licht an« von »Sarah Marie« (https://youtu.be/bNd3SvEgvvM)
   Aufgabe: Den Poetry-Slam hören und sich darüber austauschen.
2. Promi-Zitate (Kleingruppen)
   Material: Promi-Zitate
   Aufgabe: Die Teilnehmenden suchen sich je ein Zitat aus, dem sie zustimmen, und besprechen es mit den anderen.
3. Was sagt die Bibel zum Thema »Gebet«? (Kleingruppen)
   Material: Bibeln
   Aufgabe: Mt 6,5–15 und 1. Thess 5,17–18 besprechen.
4. Instagram-Aktion einleiten (Plenum)
   Material: Beamer, Laptop/Smartphone mit www.instagram.com
   Aufgabe: Die Instagram-Aktion wird vorgestellt und erklärt.
5. Wofür bin ich #dankbar? (Einzelarbeit und Plenum)
   Material: Smartphone, Beamer und geöffnete Homepage
   Aufgabe: Die Teilnehmenden posten Fotos von den Dingen, für die sie dankbar sind.

2. Stunde (90 Min)

1. Rückblick (Plenum)
   Material: Video mit allen Beiträgen von Instagram
   Aufgabe: Die Beiträge der letzten Woche werden angesehen.

2. Auswertung (Kleingruppen)
   Material: Material für die eigene Feedbackmethode
   Aufgabe: Die Instagram-Aktion mit den Teilnehmenden auswerten und besprechen.
3. Bibeltext (Kleingruppen)
   Material: Bibeln
   Aufgabe: Lk 17,11–19 gemeinsam lesen und erschließen.
4. Fragen zum Gebet (Einzel- und Partnerarbeit)
   Material: Fragen auf einem Arbeitsblatt
   Aufgabe: Die Konfirmand*innen beantworten für sich die Fragen zum Thema »Gebet« und besprechen sie zu zweit.
5. Das eigene Gebet
   Material: Papier und Stifte
   Aufgabe: Die Konfirmand*innen schreiben ein eigenes Gebet.
6. Andacht
   Material: Die selbstverfassten Gebete
   Aufgabe: Gemeinsam wird eine Andacht gefeiert, in welche die selbst verfassten Gebete integriert werden.

7 Durchführung

1. Stunde

1. Das YouTube-Video »Licht an« von »Sarah Marie« ist ein Poetry Slam. Er zeigt den Jugendlichen, wofür Sarah Marie dankbar ist. Das Video kann an verschiedenen Stellen der Arbeitseinheit verwendet und auch wiederholt eingesetzt werden.
2. Auch Promis beten. Von den Zitaten sollen sich die Teilnehmenden jeweils eins aussuchen, dem sie persönlich zustimmen und dann gemeinsam besprechen, welche Aussage die größte Zustimmung bekommt und welche nicht.
3. In der dritten Phase »Was sagt die Bibel zum Thema ›Gebet‹?« geht es um Hinweise, die die Bibel zum Gebet gibt. Die Konfirmand*innen deuten Übereinstimmungen und Unterschiede zu ihrem Gebetsverhalten und erkennen Dankbarkeit als Grundvoraussetzung für ein Gebet. Die Phase sollte mit Hilfestellungen zu den Texten begleitet werden. Als Aufgaben- und Hilfestellungen können folgende Impulse verwendet werden:

- Lest gemeinsam Mt 6,5–15 und 1. Thess 5,17–18.
- Besprecht, was die Texte über die Gebetspraxis aussagen und was sie für Ratschläge geben. Schaut kritisch auf die Texte. Teilt ihr diese Ratschläge?
- Tauscht euch aus über die Aussage »Geh in dein Kämmerlein«: Welche Orte des Gebets kennt ihr?
- Nach allem bisher Gehörten und Gelesenen: Was bringen Menschen im Gebet so alles vor Gott? Wofür beten sie?

4. Das Instagram-Projekt wird eingeleitet, indem der Perspektivwechsel vom Bitten zum Danken vollzogen wird. Die Konfirmand*innen sollen sich in ihrem Alltag bewusst werden, wofür sie dankbar sind, und darin eine Voraussetzung für eine Art des Gebets erkennen. Dafür kann von Konfirmand*innen aus den Kleingruppen berichtet werden, welches das beliebteste Promizitat war. Ggf. kann an dieser Stelle das eingangs gespielte Video nochmals gezeigt werden. Erklärt wird, dass der Fokus in den kommenden Wochen auf dem Aspekt der Dankbarkeit liegen soll. Wir versuchen, Gott mit Fotos über Instagram Danke zu sagen. Danach wird die eigene Instagram-Aktion vorgestellt und der Account gezeigt und erklärt. Die Aufgabenstellung für die Konfirmand*innen lautet: »Postet auf unserem Account Fotos von Dingen, für die ihr im Alltag dankbar seid! Das können alltägliche und außergewöhnliche Sachen sein. Schreibt dazu ›Ich bin dankbar für …‹ und verwendet den Hashtag. (Euer Name kann gern, muss aber nicht mit darunter, vielleicht euer Kürzel, ein Synonym oder ihr verlinkt euren eigenen Instagram-Account.)« Es hilft, wenn auf dem Account schon drei, vier Fotos von den Teamer*innen hochgeladen wurden, die als Beispiele fungieren. Den Konfirmand*innen werden die Datenschutzbestimmungen erläutert. Detaillierte Informationen gibt es unter www.datenschutz.ekd.de, Abschnitt: »Datenschutz in sozialen Medien«. Die Konfirmand*innen sollten dennoch motiviert werden, innerhalb der Richtlinien kreativ zu werden. Der genaue Account-Name, das Passwort und der Hashtag sollte allen zugänglich gemacht werden, ggf. im Gruppen-Chat.

5. Wofür bin ich #dankbar? Die Konfirmand*innen haben in dieser Phase Zeit, sich Gedanken zu machen, wofür sie in ihrem Leben

dankbar sind. Sie können Fotos posten, entweder die, die sie auf dem Handy haben, oder sie gehen raus oder herum und machen neue Fotos. Der Account sollte in dieser Zeit über den Beamer regelmäßig aktualisiert werden, sodass die neuen Beiträge sichtbar sind. Die Konfirmand*innen, die Instagram nicht kennen, können von einer*einem Teamer*in begleitet werden, damit sie Instagram kennenlernen, ihnen die Aufgabe klar ist und sie mitmachen können. Für die Konfirmand*innen, die kein Smartphone besitzen, werden vor der Arbeitseinheit Patenschaften gefunden, sodass gemeinsam nach geeigneten Fotomotiven gesucht werden kann. Die Teamer*innen unterstützen in der Phase die Konfirmand*innen, geben Tipps und posten Fotos. Am Ende wird den Teilnehmenden die Aufgabe mit in die kommenden Wochen gegeben.

2. Stunde

1. Nach Einführung und Rückbindung an das Thema über eines der Promi-Zitate der letzten Stunde folgt der Rückblick. Dafür kann über den Beamer ein Video mit allen Beiträgen gezeigt werden, die über den Account gepostet wurden. Optional könnte man auch alle Fotos entwickeln lassen, im Raum aufhängen und eine Vernissage machen.
2. Die Teilnehmenden werden die Instagram-Aktion unterschiedlich wahrgenommen und sich daran beteiligt haben. Deshalb ist es hilfreich, dieses in der Auswertung zu besprechen. Dafür können den Konfirmand*innen bekannte Feedbackmethoden gewählt werden. Mögliche Fragen dafür wären: »Habt ihr euch an der Aktion beteiligt? Warum (nicht)?/Was ist euch auf-, leicht-, schwergefallen?/Was hat euch beeindruckt, gestört, irritiert?/Was hat euch die Aktion gebracht?/Was hatte die Instagram-Aktion mit dem Gebet zu tun?«
3. Um eine biblische Rückbindung herzustellen, wird der Bibeltext Lk 17,11–19 gelesen. Dieser kann auf verschiedene Weise je nach Gruppengröße und -stärke mit den Konfirmand*innen erarbeitet und erschlossen werden (z. B. als pantomimische Darstellung o. Ä.). Mögliche Fragen: Welche Rolle spielt Dankbarkeit in dieser Geschichte?/Welche Rolle das Gebet?/Wie verhalten sich hier Gebet und Dankbarkeit zueinander?

4. Anschließend beschäftigen sich die Konfirmand*innen anhand eines Arbeitsblattes mit Fragen zum Thema »Gebet«, welche sie zunächst für sich beantworten und dann zu zweit besprechen. Mögliche Fragen könnten sein: Wann und wo erlebe ich Gebet?/Gibt es Zeiten/Gelegenheiten, in denen ich bete? Welche?/Wenn ich bete – für was bete ich dann?/Welche Erfahrungen habe ich mit dem Gebet gemacht?/Mit wem würde ich über das Beten reden? Mit wem nicht?/Manche sagen: »Beten ist reden mit sich selbst!« Was meine ich dazu?
5. Abschließend verfassen die Konfirmand*innen ein eigenes Gebet. Diese Aufgabe muss gut angeleitet und begleitet werden. Ggf. ist es hilfreich, ein Arbeitsblatt mit Hilfestellungen zum Verfassen eines eigenen Gebets zu erstellen.

Als gemeinsamer Abschluss ist es möglich, eine Andacht zu feiern, in welche entstandene Gebete (anonym) integriert werden können. Für die Andacht wird ein geeigneter kurzer Rahmen, ein Lied, eine Psalmlesung etc. gewählt.

Der Instagram-Account kann nach der Aktion online bleiben, um den Jugendlichen die Möglichkeit zu geben, sich an die Aktion zu erinnern oder weiterhin Fotos zu posten.

8 Stolpersteine

Instagram ist eine App, die dafür konzipiert ist, dass der jeweilige Account nur von einzelnen Personen benutzt wird. Es kann vorkommen, dass während der Post-Phase (5. Wofür bin ich #dankbar?) eine Meldung auf dem Smartphone angezeigt wird, dass sich gerade jemand anderes auf dem Account eingeloggt hat. Dann muss bestätigt werden, dass es sich um einen berechtigten Zugang handelt. Nachdem sich alle einmal in den Account eingeloggt haben, erscheint der Hinweis kaum noch.

Generell sollte der Account über das Projekt von einer oder mehreren Personen gut moderiert werden, damit der Überblick behalten wird, was über den Account sichtbar ist. Dabei geht es um die Schutzfunktion der Datenschutzbestimmungen und die Fürsorge den Jugendlichen gegenüber. Es gib bei Instagram die Möglichkeit, sich bei jedem neuen Post des Accounts benachrichtigen zu lassen.

Die Konfirmand*innen sollten in ihrem Alltag ab und zu daran erinnert werden, Fotos zu posten, beispielsweise über den Gruppen-Chat oder über die Teamer*innen.

Vor dem Projekt sollte gut überlegt werden, welche Konfis eine Patenschaft benötigen und wer sie übernehmen kann.

9 Potenzial und Gesamtbewertung

Das Potenzial des Instagram-Projekts liegt darin, dass sich die Konfirmand*innen darüber Gedanken machen, wofür sie in ihrem Leben dankbar sein können. Die Aufgabe wird aus der »typischen« KA heraus in die Lebenswelt der Jugendlichen genommen und begleitet sie in ihrem Alltag. Jeder Beitrag kann als kurzes Gebet verstanden werden und den Teilnehmenden zeigen, dass Gebet und Dankbarkeit in den Alltag hineinpassen und -gehören. Die Konfirmand*innen, mit denen das Projekt erstmalig ausprobiert wurde, berichteten, dass es ihnen Spaß gemacht hat und dass es für sie eine gelungene Abwechslung war. Nicht alle der 35 Konfirmand*innen haben einen Beitrag gepostet. Einige verhielten sich passiv und beobachteten die Beiträge der anderen, sprachen aber im Feedback davon, dass Dinge, für die sie dankbar waren, schon von anderen gepostet wurden.

Insgesamt wurden 65 Fotos und Videos gepostet, kommentiert und gelikt. Inhaltlich ging es um Geschwister, Haustiere, Freunde, Reisefreiheit, die Konfi-Fahrt, gutes Essen, Bücher, Kaffee, Musik und vieles mehr. Auch nach Beendigung des Projektes posteten einige Teilnehmende noch Fotos.

Der Account wird mit Beginn des neuen Konfirmand*innen-Jahrgangs durch Veränderung des Passworts für die Teilnehmenden geschlossen und vom neuen Jahrgang wieder genutzt.

Das Projekt hat rückblickend betrachtet das Gemeinschaftsgefühl gestärkt und Dankbarkeit in den Fokus gerückt.

10 Übertragungsmöglichkeiten auf andere Bereiche

Es ist möglich, aus und mit den gesammelten Beiträgen einen Gottesdienst zum Thema »Gebet« oder »Dankbarkeit« zu gestalten. Die benutzten Bibeltexte können dort wieder auftauchen. Man kann die Beiträge während eines Gebets per Beamer zeigen, ausgedruckt in der Kirche aushängen oder als Video laufen lassen. Den Projekt-Account kann man für ausgewählte Anlässe wieder aktivieren, beispielsweise über eine Konfi-Fahrt oder für die Adventszeit als Adventskalender. Es gibt vielfältige Möglichkeiten, die Idee zu variieren oder zu übertragen.

7 »Jugendliche haben richtige Gefühle!« – Konfirmand*innen gestalten den Gottesdienst am Ewigkeitssonntag

Nina Heinsohn

1 Auftakt – eine Beobachtung

Trauer braucht Ausdrucksformen, Ventile, eigene Zeiten, Orte, Rituale – bei Erwachsenen, bei Kindern und Jugendlichen. Übereinstimmend rät die poimenische und pädagogische Fachliteratur dazu, die gesamte Familie an der Vorbereitung und Gestaltung von Trauerfeiern zu beteiligen – gerade auch Kinder und Jugendliche, sofern es diese möchten (vgl. Melching 2014; Butt, C. 2013, S. 59 f.). Übereinstimmend stellen seelsorgerliche und liturgische Literatur die Wichtigkeit des Gottesdienstes am Ewigkeitssonntag resp. Totensonntag heraus (vgl. Weiher 2014, S. 381). Er kann eine stimmige Gelegenheit darstellen, in geschütztem Rahmen der eigenen Trauer Ausdruck zu verleihen und das eigene Erleben mittels der Symbolwelt christlicher Hoffnung zu deuten. Angesichts des zweifachen Konsenses verwundert es, dass am Ewigkeitssonntag kaum Gottesdienste mit Beteiligung von Kindern und Jugendlichen stattfinden. Selbst in Gemeinden, die regelmäßig und zu den hohen Festtagen generationsübergreifend Gottesdienst feiern, ist dies am letzten Sonntag des Kirchenjahres in der Regel nicht der Fall. Vor dem Hintergrund der Beobachtungen entstand die Idee, einen solchen Gottesdienst zu feiern und KuK an seiner Vorbereitung und Gestaltung zu beteiligen.

2 Vertrauen und Beziehung – die wichtigsten Ressourcen

Lange bevor die konkrete Planung beginnt, bedarf es der Beziehungsarbeit. Sich dem Thema »Tod und Trauer« zu stellen, kann Ängste freisetzen. Das Vertrauen der KuK untereinander und zu den

Unterrichtenden muss wachsen. Dieses Projekt steht also nicht am Anfang, sondern nach einer Zeit, in der man sich gut kennengelernt hat und Vertrauen entstanden ist. Und es bedarf des Vertrauens der Eltern. Die Vorarbeit erschöpft sich nicht in einem Elternbrief. Das persönliche Gespräch auf einem Elternabend oder ein Hausbesuch erscheinen mir unverzichtbar. Es braucht ein Gesicht zum Brief und ein erläuterndes Wort. Es braucht ein Gegenüber, das die eigene Skepsis hört, wahr- und ernst nimmt. Dann besuchen auch die Eltern den Gottesdienst.

3 Was es sonst noch braucht

Zeit. Die Vorbereitung beginnt mit dem Anberaumen des Elternabends und findet ihre Fortsetzung in Einzelgesprächen. Vertrauensbildende Einheiten und thematische Hinführungen sind sinnvoll. Es braucht Zeit, bis der Vertrauensraum entsteht, eigene Erfahrungen miteinander zu teilen und zu reflektieren. Es braucht Zeit, um sich mit dem Thema »Tod und Trauer« auseinanderzusetzen und dem Eigenen in einer stimmigen gottesdienstlichen Form Ausdruck zu verleihen – Probe von Texten und Anspielen inklusive. Sollte der KU in wöchentlichem oder 14-tägigem Rhythmus stattfinden, legt sich ein ergänzender Konfi-Tag nahe, um Ruhe und Tiefe zu gewinnen.

Raum. Ein Kirchraum, der flexibel gestaltet werden kann, ist von großem Vorteil: Ein Altarraum, der zur Bühne werden kann, eine Mitte für ein Bodenbild, Platz für eine Bilderausstellung und ein Ort zum Gespräch im Anschluss sind hilfreich.

Literatur. Vielleicht findet ein Büchertisch parallel zum Kirchencafé nach dem Gottesdienst Zuspruch. Auch in der Erarbeitung des Themas auf Seiten der KuK haben sich (Bilder-)Bücher als Medium bewährt.

Sonstiges. Tonpapier, Schere, kleine Glassteine (in Form von Kristallen), Stifte, Papier, Tafel, Kreide, Requisiten für Pantomime, Lieder – und eine Haltung der Offenheit gegenüber dem unerwartet anderen, das im Prozess entsteht.

4 Das Projekt *in concreto*

Die Vorbereitung des Gottesdienstes

Es ist wichtig, die Erfahrungen und die Kompetenz der KuK in zweierlei Hinsicht zu würdigen: Zum einen hinsichtlich der Tiefe ihrer Emotionen im Zusammenhang von Tod und Trauer, zum anderen bzgl. ihres Umgangs mit Tod und Trauer. Erlebnis und Umgang bilden entscheidende Dimensionen des Gottesdienstes. Ihre Reflexion und Bearbeitung sind im Vorfeld von entscheidender Bedeutung. Schritte können sein:

– Erlebnisse von Tod und Trauer: Eine stark auf die KuK abgestimmte Bearbeitung ist sinnvoll. Bei der Projektdurchführung gab es u. a. einen Konfirmanden, dessen Tante jüngst verstorben war sowie einen Konfirmanden, der stark um ein Haustier trauerte. Das Thema »lag in der Luft«, und das Projekt gab dem Raum. Ein Erzählkreis mit gestalteter Mitte regte zum Austausch an.

– Umgang mit Tod und Trauer: Häufig klang in dem Erzählten an, welche Wege des Umgangs mit dem Erlebten die KuK gefunden hatten. Auf die Frage »Wer oder was tröstet Jugendliche?« wurde in einem zweiten Schritt der Akzent gelegt. In einer Sammlung mit Karteikarten wurden die facettenreichen Erfahrungen und Ideen der KuK gesammelt. Die Fragestellung lautete ursprünglich: »Was tröstet Jugendliche?« Diese erfuhr ihre entscheidende Modifikation durch eine Konfirmandin: »Wir sagen, so viele Menschen trösten uns. Aber nach Menschen fragt man mit ›wer‹, nicht mit ›was‹! Die Frage muss also lauten: ›Wer oder was tröstet uns?‹« Erlebnisse von Trauer und Umgang mit Trauer wurden bewusst in engem Zusammenhang thematisiert, um das Erzählen der KuK damit zu verbinden, eigene »Trost-Strategien« zu erinnern und neue kennenzulernen.

– Im Anschluss an das Erzählen und Sammeln fand eine Vertiefungsphase statt: Manche KuK schrieben ihr Erlebnis mit Tod und Trauer auf, andere malten Bilder davon, wer oder was sie »am meisten tröstet«. Diese Bilder fanden später Eingang in eine Ausstellung im Zusammenhang des Gottesdienstes. Dabei erwies sich die Tatsache, dass einige KuK bereits intensiver mit Tod und Trauer in Berührung gekommen waren als andere, weder für

die Gespräche noch für die gemeinsame Gestaltung des Gottesdienstes als hinderlich. Interesse, Neugier und Empathie waren hier wichtige Ressourcen.
- Mit dem Malen der Bilder und der Niederschrift eigener Erfahrungen hatte die Vorbereitung des Gottesdienstes begonnen. In einer weiteren Einheit wurde dieser explizit in den Blick genommen und vier Kleingruppen nach Neigungen gebildet:
  a) Bilder für die Kunstausstellung,
  b) Ansprache zum Thema »Wer oder was tröstet mich?«,
  c) Erarbeitung einer Pantomime zur Kartensammlung (später: Zusammenführung mit Ansprache),
  d) Ausarbeitung des eigenen Erfahrungsberichtes.

Auszug aus der Ansprache »Wer oder was tröstet mich?« (von mehreren Konfis vorgetragen)

»Wir sind hierher gekommen, um zu erklären, wie wir Konfis mit dem Thema »Was oder wer tröstet mich?« umgehen. Dazu hatten wir viele Ideen./Viele Kinder trösten Süßigkeiten *(hier folgten weitere Beispiele)*./Thies findet darüber reden wichtig. Wenn man was auf dem Herzen hat, muss man es auch sagen./Wenn man jemand Vertrautem etwas sagt, wird es besser./Lara, Jonas, Fritz, Thore, Tim und Laura tröstet Musik./Manches lenkt Jugendliche auch ab, aber es tröstet sie nicht, zum Beispiel Zocken./Lars und Luca tröstet, wenn sie Kerzen anzünden, weil ein Licht für denjenigen brennt, der gestorben ist. Wenn man traurig ist, ist es so, als wenn es dunkel ist. Dann hilft Licht./Manchmal hilft es auch, neues Glück zu finden. Zum Beispiel neue Freunde finden. Damit habe ich gute Erfahrungen gemacht./ Wir haben das erzählt, weil wir zeigen wollen: Jugendliche haben richtige Gefühle! Und manchmal können sie besser damit umgehen als Erwachsene.«

Eine mögliche Modifikation

Wie Christian Butt (2013, S. 105) darlegt, stellt sich die Bereitschaft, in der Gruppe von eigenen Erfahrungen zu erzählen, im Kinder- und im Jugendalter entwicklungspsychologisch bedingt unterschiedlich dar. Im Anschluss an das von ihm vorgestellte Unterrichtsprojekt »Kinderbuchrezensionen« für die Klassenstufe 7 (vgl. Butt 2013,

S. 105–112) ist eine Modifikation des Projekts denkbar. Der Gottesdienst könnte von Beginn an stärker ins Blickfeld geraten: Welches Bilderbuch kann Grundlage sein und warum? Oder welche biblische Geschichte, welche Lieder, welche Rituale? Das Gespräch über eigene Erlebnisse und »Trost-Strategien« könnte gebrochen durch den Blick auf die im Gottesdienst anwesenden Kinder und Jugendliche und das für sie Hilfreiche und Stimmige geschehen.

Der Gottesdienst
Der Gottesdienst fügt sich in die für Familiengottesdienste vor Ort übliche liturgische Form. Ggf. übernehmen die KuK die Lesung der Namen der Verstorbenen und das Anzünden von Kerzen. Ein Kirchencafé, das Gelegenheit bietet, miteinander ins Gespräch zu kommen, das Bücherangebot zur Kenntnis zu nehmen und die Bilder der KuK zu betrachten, schließt sich an.

Die Beteiligung der KuK bildet einen Schwerpunkt im Bereich »Lesungen und Verkündigung«. Drei KuK lesen eigene Berichte über ihre Erfahrungen mit Tod, Trauer und Trost vor, weitere drei KuK halten eine Ansprache. Diese wiederum wird durch Pantomimen von KuK unterstützt und begleitet.

Auch eine Beteiligung an der Abfassung von Gebeten und Liedauswahl halte ich für möglich und sinnvoll, ebenso bei der Entwicklung eines stimmigen Rituals. Im vorliegenden Fall ist Letzteres entworfen und gestaltet worden:
1. Aus Tonpapier gebastelte Tränen werden von den Gottesdienstbesucher*innen bemalt und beschriftet. Leitfrage: »Was macht mich traurig?« Begleitend erklingt Musik.
2. Die Tränen werden im Altarraum zu Blüten zusammengelegt.
3. Gemeinsam um die Tränenblüten stehend wird ein Trostlied gesungen.
4. Während des Liedes kommt eine Engelsgestalt von der Empore, legt schweigend einen durchsichtigen Glasedelstein auf jede Träne und entfernt sich wieder.
5. Anschließender Zuspruch: »Spalte ein Stück Holz, und ich bin da. Hebe einen Stein auf, und du wirst mich finden« (EvThom 77,2 f.). Mit diesem Zuspruch nimmt jede*r den Glas-Edelstein von ihrer*seiner Träne.

5 Stolpersteine

Seelsorgerlich: Scheu vor dem Thema. In der Elternschaft finden Veranstaltungen zum Thema »Tod und Trauer« großen Zuspruch (Workshops, Informationsabende o. ä.). Dem Zuspruch folgt jedoch häufig nicht die Annahme des Angebotes. Bisweilen besteht Scheu, sich tatsächlich den Fragen zu stellen und dem Thema auszusetzen. Dies gilt es, in jeder Phase des Projektes seelsorgerlich zu berücksichtigen.

Liturgisch: das Recht des Altbewährten. Viele Menschen suchen den Gottesdienst am Ewigkeitssonntag auf, um ihrer Verstorbenen zu gedenken – auch dann, wenn der Trauerfall mehrere Jahre zurückliegt. Sie suchen den vertrauten Ort und das vertraute Ritual. Dieses Recht gilt es zu respektieren. Daher kann es sich empfehlen, beim ersten Mal den von den KuK gestalteten Gottesdienst als zusätzliches Angebot am Nachmittag zu feiern, um die gemeindliche Resonanz zu erforschen.

6 Die Chancen – ein Resümee

Ein gesellschaftlich tabuisiertes, in der Lebenswelt von Jugendlichen jedoch präsentes und virulentes Phänomen wird in den Blick genommen. Die Lernenden erhalten den Raum, eigene Zugänge und Wege des Umgangs zu finden. Das Projekt birgt zudem die Möglichkeiten in sich,
1. die Erfahrungen von Jugendlichen im Umgang mit Tod und Trauer sowie ihre eigene Theologie wahrzunehmen und zu würdigen,
2. ein gemeinsames Erlebnis von Ritual und Gottesdienst am Toten- bzw. Ewigkeitssonntag für die gesamte Familie und Gemeinde zu initiieren und potenzielle Impulse für anschließende Gespräche anzubieten und
3. ein Theologisieren mit Jugendlichen mit einem performativen Element zu verknüpfen.

Literatur

Butt, C. (2013): Abschied, Tod und Trauer – Kinder und Jugendliche begleiten. Ein Praxisbuch mit Projektideen und Unterrichtsentwürfen für Schulen und Gemeinden. Stuttgart. S. 59 f.

Melching, H. (2014): Mit Kindern Abschied nehmen – Kinder bei Beerdigungen. In: F. Röseberg/M. Müller (Hg.): Handbuch Kindertrauer. Die Begleitung von Kindern, Jugendlichen und ihren Familien (S. 247–256). Göttingen.

Weiher, E. (2014): Das Geheimnis des Lebens berühren. Spiritualität bei Krankheit, Sterben und Tod. Eine Grammatik für Helfende (4. Aufl.). Stuttgart.

8 »22-mal Gottesdienst am Sonntagmorgen?« Um Himmels willen! Nein! – Ein Plädoyer mit Alternative

Burkhardt Nolte

Ich möchte Sie für folgende Fragen gewinnen: Wie müsste der Gottesdienst entworfen sein, in dem die Konfis die Gelegenheit erhalten, diesen als ihren Ort und ihre Zeit zu erleben? Damit sie Nahrung finden für ihren Glauben? Wie kann das am Sonntagmorgen mit unterschiedlichen liturgischen Zugängen gelingen? Meine Empfehlung: Lassen Sie es. Hören Sie auf, Ihre gottesdienstliche Energie darauf zu verwenden, Konfis den Gottesdienst am Sonntagmorgen schmackhaft zu machen. Unterstützen Sie stattdessen die Konfis mit Ihrer gottesdienstlichen Professionalität und Erfahrung, in Form, Sprache, Inhalt und Gemeinschaftsstiftung relevante Gottesbegegnungen zu machen.

Und wie soll das jetzt gehen? Sie haben es vermutlich schon gemerkt: Mir geht es vor allem um einen funktionalen Kirchenbegriff. Also darum, dass Kirche immer, wenn sie denn Kirche sein will, eine Funktion für die Lebenswirklichkeit der Menschen ist. Es muss ihr bei aller Vorläufigkeit darum gehen, die Wirklichkeit auf dem Hintergrund des Ineinander-Verwobenseins von Immanenz und Transzendenz so zu deuten und so zu inszenieren, dass den an Kirche Beteiligten die Augen aufgehen können für die Güte Gottes, die jeden Morgen neu ist (Klgl. 3,23). Um einen Zugang für das »Wie« solcher Gottesdienste zu gewinnen, wähle ich daher den Weg über die Funktionsbestimmungen von Kirche.

Gotteserkenntnis: Gottesdienste mit Konfis sind grundsätzlich partizipativ. Konfis brauchen Kirche als Ort, an dem relevant von Gott und ihnen gesprochen wird, an dem sie gewollt sind und ihre Stimme Gewicht hat. Konfis sind (wie alle anderen auch) Beteiligte am Kommunikationsgeschehen Gottesdienst. Alle weiteren Funktionsbestimmungen sind auf dieses Fundament hin bezogen. Alles, was wir gottesdienstlich tun, muss an der Frage angedockt sein, wie hier die Beziehung zwischen Gott und Mensch aufleuchtet.

Gemeinschaftsstiftung: Konfis brauchen Kirche als Ort einer verlässlichen und für sie relevanten Gemeinschaft. Das befördert Sicherheit, Identität und schließlich das Gefühl von: »Das ist mein Ort. Hier gehöre ich hin.«

Kontingenzbewältigung: Konfis brauchen Kirche als Ort, an dem es gestattet ist, nicht alles zu können und nicht alles können zu müssen. Ein Ort, an dem wohltuend geschwiegen, gebetet und zugleich laut gelacht werden kann. Konfis brauchen uns als Seelsorger*innen, nicht als Zampanos, Berufsjugendliche oder Repräsentant*innen einer Erwachsenen-Kirche, in die sie irgendwie hineinwachsen müssten, als wäre ihre Zeit als Konfis nur eine Art Vorstufe zum eigentlichen Kirche-Sein.

Wertevermittlung: Konfis brauchen Kirche als Ort, an dem klar ist, was hier geht und was nicht. Sie brauchen eine verlässliche Kultur der Aufmerksamkeit mit klar formulierten Freiheiten und Begrenzungen. Hier gibt es keine willkürlichen Bestrafungen und keine moralischen Zeigefinger. Dies muss im gottesdienstlichen Handeln sichtbar werden.

Und so könnte es gehen: Am Ende eines jeden Konfirmandenarbeitstreffens feiert die Gemeinde Gottesdienst in der Kirche. Der Gottesdienst dauert 10–20 Minuten. Alle Gemeindeglieder sind eingeladen. Keine*r muss, auch die Konfis nicht! Und wenn viele Konfis dann sagen: »Okay, dann kann ich ja gehen. Der Gottesdienst interessiert mich nicht«, mit dem Ergebnis, dass viele Konfis für sich gar nicht die Möglichkeit entdecken, dass Gottesdienst für sie relevant sein könnte? Der Einwand ist berechtigt. Es gibt keine Garantie dafür, dass es gelingt. Ich gebe zwei Dinge zu bedenken:

1. Sofern Ihre Konfirmandenarbeit so gestaltet ist, dass die Konfis die Erfahrung machen, beteiligt zu sein, dass ihre Stimme Gewicht hat, dass Sie als Unterichtende*r ein verlässliches seelsorgliches Gegenüber sind und die Konfis ihre Gruppe als relevante Gemeinschaft erleben, werden sie auch den Gottesdienst als gute und wichtige Zeit annehmen.
2. Die Alternative wäre, am Gottesdienst als Abschluss des Unterrichts verbindlich teilzunehmen. Das ließe sich sicher unproblematisch einrichten. Und doch würden wir hier wieder einen mehr oder weniger erzwungenen Gottesdienstbesuch durch die organisatorische Hintertür herbeiführen, zu dem sich Kon-

fis nicht aus freien Stücken entscheiden können. Das Einüben in einen Gottesdienst, der Nahrung bietet, beginnt mit dem Zutrauen, dass Konfis mit Teamer*innen und mit Ihnen, als Unterrichtenden, diesen Ort zu ihrem Ort machen.

Zu Beginn der Konfirmandenzeit wird gemeinsam überlegt und entschieden, welche Inhalte der Gottesdienst haben soll. Hauptamtliche dürfen auch Vorschläge machen. Sie sind schließlich auch Teil der Gemeinde. Mit folgenden Leitfragen kann das geschehen: Wer ist am Gottesdienst beteiligt?/Was wollen wir dort hören?/Was wollen wir dort sagen?/Was wollen wir dort sehen?/Was wollen wir dort schmecken?/Was soll dort Thema sein?/Und wer soll das bestimmen?
Folgende Muster lassen sich nach meiner Erfahrung mit einigen Jahrgängen erkennen:

a) *Rituale*
Sie sind das A und O eines guten Gottesdienstes. Also das, was wir mit dem Begriff Liturgie meinen. Der Gottesdienst braucht einfache und zugleich bedeutsame Rituale. Sie helfen dabei, dass Konfis diesen Ort als »ihren« Ort erleben. Sie bieten Sicherheit, geben Halt und Struktur. Es könnte z. B. ein wiederkehrendes Gebetsritual sein, bei dem jede*r die Möglichkeit hat, ein persönliches Gebetsanliegen zu formulieren. Darauf warten Konfis manchmal eine Woche, weil sie etwas Wichtiges haben, das ihnen auf der Seele liegt. Sie wissen: Hier kann ich es loswerden. Thematisieren Sie dies am Anfang der Konfi-Zeit. Probieren Sie einige Rituale aus und fragen Sie die Konfis, welches für sie gut ist.

b) *»Ihr sollt das machen.«*
Zunächst sind es nur sehr wenige Konfis, die sich beteiligen wollen an der Vorbereitung und Durchführung. Das ist völlig in Ordnung. Der Unterschied zu den Gottesdiensten, die sie sonst erleben: Sie haben es selbst entschieden, dass Sie und Ihre Teamer*innen den Gottesdienst vorbereiten und durchführen dürfen. Damit ist es eben *ihr* Gottesdienst und nicht der Versuch von Erwachsenen, für Jugendliche Gottesdienste zu entwerfen.

c) *Kein »Event-Gottesdienst«*
Stattdessen Kerze und Stille. Kirche ist ein Ort, der anders ist als alle anderen Orte, die Konfis kennen. Hier ist es gestattet, zur

Ruhe zu kommen, sich dafür Zeit zu nehmen, seiner Hoffnung Ausdruck zu verleihen und seiner Verzweiflung. Es muss nicht immer ein Jugendgottesdienst mit allem Schnickschnack sein (was hin und wieder natürlich auch schön ist).

d) *»Betet ihr für uns.«*
Viele Jugendliche kennen eigenes Beten nicht (mehr). Dies dann auch noch vor und mit anderen zu machen, das geht nicht. Was geht, ist: Sie sammeln alle möglichen Anliegen von Konfis, um dann im Namen der Konfis dafür zu beten. Hier gibt es nicht richtig oder falsch, bedeutend oder unwichtig. Sie beten genauso für »Schnuffel«, das kranke Meerschweinchen, für ein gutes Bundesligawochenende für die »Dortmunder«, »Schalker« und »Bayern« wie für Frieden in Syrien, genug Lebensmittel für die armen Menschen in Deutschland, für mehr Respekt und die Sorge um die krebskranke Mutter. Wenn es gewollt ist, kann jede*r eine Kerze anzünden. Achten Sie darauf, folgende theologische Schärfung miteinzubeziehen: Zum einen gibt es kein Gebetsanliegen, das unwichtig wäre, nicht relevant oder nicht erlaubt, auch nicht das Bitten den Sieg der Lieblingsfußballmannschaft. Für die, die das einbringt, ist diese Frage ganz und gar nicht unwichtig! Und zum anderen muss allen deutlich werden: »Gott ist nicht das Sams« und damit irgendwie eine Art göttlicher Wünsche-Erfüller. Machen Sie darauf aufmerksam, dass Beten ein Dialog ist und dass der*die Dialogpartner*in, in diesem Fall Gott, auch eine eigene Position hat und sich nicht zum Handlanger eigener Bedürfnisse degradieren lässt.

e) *Lieder*
Sie brauchen eine Gottesdienst-Playlist, zusammengestellt von Ihnen, Ihren Teamer*innen und Konfis. Eine Auswahl aus 8–10 Liedern, die während der Konfi-Zeit immer vor und nach dem Gottesdienst gespielt werden (»Fix you« von Coldplay gehört für mich zu einer guten Gottesdienst-Playlist). Noch schöner ist es, wenn Sie eine eigene Band haben. Funktioniert aber genauso: Nicht irgendwas spielen, sondern »unsere« Lieder. Natürlich gehört auch gemeinsames Singen dazu. Als Lied eignet sich (nahezu) alles. »Seven nation army« (The White Stripes) kann ebenso gehört/gesungen werden wie »Bless the lord, my soul« (Taizé). Manch-

mal gibt es ein Lied, das sich durch die Konfi-Zeit wie ein roter Faden zieht. »Das Privileg zu sein« von Samuel Harfst eignet sich dafür gut. Aber häufig ist das der Dynamik dieser Gottesdienstgemeinde geschuldet. Es kann sein, dass ein Lied, das für eine Gruppe besonders schön war, der nächsten eher nichts sagt.

f) *Wie soll gepredigt werden?*

Ohne zu tief in die Homiletik-Kiste greifen zu wollen, hier ein paar Tipps für eine Predigt im Gottesdienst mit Konfis (auch für den sonntäglichen Gebrauch):

1. *Simple – fresh – relevant.* Ein Gedanke und der richtig. Frische Sprache, kurze Sätze, relevanter Inhalt. Keine verschwurbelte pastorale Formulierungswüste mit vielen Modalverben (wir sollten, müssten, können und dürfen …)
2. Reden von Gott in der Welt. Es geht nicht um die Vermittlung ewiger Wahrheiten, sondern um das Berührtwerden, das Verknüpftwerden mit der Energie des Heiligen Geistes.
3. Bringen Sie den Teamer*innen bei, wie sie predigen können, und wenn sie mögen, lassen sie die Konfis auch daran teilhaben. Beispiel: Wählen Sie einen Gedanken oder biblischen Satz wie: »Ich will dich trösten, wie einen seine Mutter tröstet« (vgl. Jes 66,13). Bitten Sie die Gemeinde, sich in kleinen Gruppen über diesen Gedanken auszutauschen. Lassen Sie dabei im Hintergrund Musik laufen (das hilft beim Reden). Bitten Sie eine*n Repräsentant*in der Kleingruppe, einen für die Gruppe wichtigen Gedanken den anderen mitzuteilen. Wenn die letzte Gruppe ihren Gedanken eingebracht hat, beenden Sie diese Predigt damit, den Satz noch einmal zu formulieren und schließen Sie mit »Amen«.
4. Das biblische Wort steht im Zentrum. Entweder geht es um ein Thema wie z. B. »Leistung«. Dann suchen sie nach einem biblischen Text, einem Bild, einer Geschichte, mit denen Sie den Konfis (also der Gemeinde) im Namen Gottes Gutes tun können. Hier bietet sich z. B. Mt 6 an: »Sorgt euch nicht um euer Leben.« Es geht um einen biblischen Impuls, einen Text, eine Geschichte oder um die Perikope des nächsten Sonntags. Dann befragen Sie oder Ihre Teamer*innen oder Ihre Konfis den Text danach, wo hier Evangelium zu finden ist. Mir ist klar, dass dies

nichts Neues darstellt. Ich finde aber, es wird Zeit, dass wir es endlich konsequent in die Tat umsetzen.
g) *Zeit für Lachen, Zeit für Reden, Zeit für Essen*
Stichwort »Gemeinschaftsstiftung«. Wer will, dass dies ein relevanter Ort wird, der inszeniert das: Wer bleiben will, kann in der Kirche bleiben. Es gibt etwas Gutes zu essen, das keinen großen Aufwand benötigt. Es gibt Musik und gute Sitzgelegenheiten, keine Kirchenbänke oder unbequemen Stühle. Etwas zum Chillen, z. B. große Sitzsäcke oder Kissen.

Wo sind wir gelandet?

Gottesdienst ist ein offenes Geschehen. Es gibt noch eine Million guter Ideen, die Sie bestimmt auch haben, die Teamer*innen oder die Konfis. Sie könnten ein gutes Geländer für gelingende Gottesdienste sein: Nahrung für die Glaubens-Partizipations-Schlichtheits-Relevanz-Rituale.

Beispielgottesdienst

Der Gottesdienstraum wird vom Team vor Beginn des KU oder kurz vor dem Gottesdienst vorbereitet. In der Kirche gibt es Sitzsäcke und Sonnenstühle. Diese liegen ungeordnet um eine gestaltete Mitte: Decke, Kerze, Kreuz, Bibel. Gute Getränke und gutes Essen werden vorbereitet: Kekse (keine übrig gebliebenen »Gemeinde-Kekse«), Kuchen oder Pommes etc. Was auch immer ausgewählt wird, es muss gut schmecken.
– Gottesdienst-Playlist mit Handy und Bluetooth-Box beim Hereinkommen als Vorspiel (oder die Band, wenn sie existiert)
– Begrüßung (1 Min.)
Litug*in (Konfi, Teamer*in oder Hauptamtliche*r): »Hallo. Schön, dass ihr da seid. Wir feiern zusammen Gottesdienst und tun dies im Namen des Vaters ...«
– Lied (3 Min.)
Alle; Liederbuch oder Leinwand mit Beamer
– Stille (3 Min.)
Liturg*in: »Vieles geht uns im Kopf herum. Glück, Spaß, Angst, Sorge ... Geht dem, was euch beschäftigt, in der Stille nach. Und wenn ihr mögt, könnt ihr es Gott sagen.«

- Am Ende der Stille
  »Danke, Gott, dass Du uns hörst. Nimm unseren Dank und erhöre unsere Bitten. Amen.«
- Predigt (3–5 Min.): *Simple – fresh – relevant*
- Gebet (3 Min.)
  Variante 1: Freies Fürbittengebet und Vaterunser
  Variante 2: Kerze anzünden mit Möglichkeit, das eigene Anliegen laut zu sagen. Schließt mit Vaterunser durch Liturg*in.
  Variante 3: Kerze anzünden. Liturg*in schließt mit Vaterunser.
  Für Variante 2 und 3: Teelichter im Glas
- Segen (1 Min.)
  Liturg*in: »Gott segnet uns. Er verspricht, uns zu trösten, wie das eine Mutter tut. Er behüte uns in allem, was kommt. Amen«
- Musik mit Playlist (3 Min.)
  Handy, Bluetooth-Box (oder Band)
- Anschließend Zeit für Lachen, Reden, Essen, Trinken

Viel Spaß beim Ausprobieren!

9 Gottes Hütte unter den Menschen – mit Styropor in der Kirche bauen

Annette Plaz

1 Die Idee

Styropor – ein faszinierendes Material. Noch faszinierender, wenn es große Mengen an (Secondhand-)Styropor sind und man damit bauen darf! Die Idee, mit Styropor zu bauen, entstand während meiner Playing-Arts-Fortbildung. Playing Arts ist eine Weiterentwicklung der Spielpädagogik in Richtung des kreativ-schöpferischen Gestaltungsspiels. Dabei stehen das Tun und die prozesshafte Entfaltung der eigenen schöpferischen Potenziale im Mittelpunkt. Styropor kann mit Zahnstochern unkompliziert und schnell verbunden werden und eignet sich durch sein leichtes Gewicht ideal. Mit einer Maschine, die das Styropor in Sekundenschnelle zerteilt, können Teile gekürzt, verändert oder dekorative Muster und Buchstaben geschnitzt werden. Auch Ausprobieren und Umbauen ist einfach zu handhaben. Mit Erwachsenen erprobte ich das Erbauen einer Behausung mit Styropor zum ersten Mal. Die Resonanz durch die Faszination am Bauen und am Gestalten von Details war größer als gedacht. Durch das Weiß des Styropors und geschickte Beleuchtung hatte unser Bauwerk am Ende eine sakrale Wirkung. Mit einem Mahl im Innern weihten wir unsere »Kapelle« ein. Nach dieser positiven Erfahrung übertrug ich die Idee auf eine Jugendgruppe. Passend zum Bauen und als Einstieg am Altar wählte ich die Bibelstelle 2. Mose 25, in der von Gottes »Zelt der Begegnung« mit den Menschen die Rede ist, in dem Gott unter den Menschen wohnen möchte. Gott erzählt mit sichtlichem Vergnügen Mose detailgenau, wie er sein Zelt der Begegnung gern haben möchte, wie viele Zeltbahnen es geben und wie die Einrichtung sein soll. Ich erzählte und las dazu die Beschreibung von »Gottes Tisch« (2. Mose 25,23–29). Ich wählte Verse, die den Altar des Zeltes der Begegnung beschreiben, denn um diesen waren wir ja versammelt. Hier konnte ich die Parallele mit dem Brot und dem Wasser, das wir auf dem Altar stehen hatten, deutlich machen. Außerdem entdeckten wir, dass im Unterschied zu unserem Kirchenaltar der Altar im Zelt Gottes tragbar und mobil war, wie alles dort. Wir sprachen darüber, wo und wie wir Gott begegnen, dass der Altar bzw. Tisch ein besonderer Ort der Begegnung mit Menschen und Gott ist, wie wir selbst Begegnung am (Familien-)Tisch erleben und wie wir denken, dass Gottes Haus aussehen sollte. Zum Abschluss der Einheit am Altar brachen wir das Brot und tranken das Wasser, das dort bereitstand. Das anschließende Bauen faszinierte die Jugendlichen genauso wie zuvor die Erwachsenen (s. Coverabbildung u. Abb. 2). Alle bauten mit großer Konzentration und Feuereifer: Ein Dachgiebel wurde fachgerecht gefertigt. Andere konzentrierten sich auf die Inneneinrichtung, zu der auch eine Bibel und ein Altar gehörten, oder kümmerten sich um die Statik. Im fertigen Gebäude (auch dieses Gotteshaus wurde sehr geräumig) haben wir dann zusammengesessen und von unseren Bauerfahrungen berichtet.

2 Wo und für wen?

Die optimale Gruppengröße liegt bei etwa 15 Personen, weniger ist kein Problem und mehr auch nicht – wenn man genug Styropor hat, sodass alle beschäftigt sind, und ggf. noch eine Styropormaschine mehr besitzt. Am besten, es steht für diese Aktion ein großer Raum mit Fenstern oder einen Hof mit Elektroanschluss zur Verfügung, damit genügend Platz zum Bauen ist und die Dämpfe des geschnittenen Styropors sich schnell verflüchtigen. Wunderbar war es in unserem Fall, dass wir einen großen Kirchraum ohne Bestuhlung nutzen konnten.

3 Das Material

- Styropor (z. B. vom Wertstoffhof, ebay Kleinanzeigen, Bekannte oder Nachbar*innen, Baumarkt),
- Styroporschneidemaschine, z. B. Heißdraht-Schneidgerät von Proxxon,

- Elektroanschluss für die Styroporschneidemaschine,
- einen großen Raum oder Hof,
- Zahnstocher, Digitalkamera, Besen (besser: Industriestaubsauger wegen der geringeren statischen Aufladung) und große Mülltüten, um das Styropor wieder zu entsorgen.

4 Das gilt es im Vorfeld zu beachten

- Zur Beschaffung des Styropors muss genügend Zeit eingeplant werden, da das Bauen mit großen Mengen mehr Spaß macht und diese erst einmal beschafft sein wollen. Die Konfirmand*innen sollten natürlich in den Beschaffungsprozess eingebunden werden.
- Genügend Zeit muss auch für die Aktion selbst eingeplant werden. 2–3 Stunden sind beim Bauen, Geschichten erzählen und Aufräumen schnell vergangen.
- Anschaffung, Entsorgung und Weiterverwendung: Wenn man große Mengen Styropor anschafft, ist es unter den Gesichtspunkten des Umweltschutzes sinnvoll, Lagerraum zur Verfügung zu haben und das Styropor mehrfach zu verwenden. Viele andere Dinge lassen sich mit Styropor gestalten, z. B. Buchstaben ausschneiden und damit Worte schreiben.
- Ich empfehle Secondhand-Styropor, das es bei Kleinunternehmen gibt, die Styroporverpackungen nutzen, oder bei eBay Kleinanzeigen, wo z. B. Restbestände zum Isolieren von Häusern verkauft werden. Auch beim Wertstoffhof kann man anfragen. Über soziale Netzwerke (Facebook oder www.nebenan.de) habe ich gute Erfahrungen gemacht. Die Entsorgung findet am besten über den Wertstoffhof statt.
- Alternativ: Andere, ökologische Baustoffe verwenden, z. B. Karton oder lange Äste und Stoff. Hier muss geklärt werden, wie das Material zusammengefügt werden kann (s. u.).
- Zusätzlich: Die Aktion kann mit einem Essen im neugebauten Gotteshaus enden. Außerdem können Eddings oder andere Stifte bereitliegen, damit die Jugendlichen das Styropor beschriften oder bemalen können.

5 So geht's

1. Styropor besorgen (mit genügend Vorlauf),
2. Inhaltlicher Einstieg vor dem Bauen, z. B. mit 2. Mose 25; am Altar oder wo es sich anbietet (Bibel griffbereit haben, um den Abschnitt vorzulesen, in dem Gott detailgenau die Konstruktion seines Zeltes beschreibt.),
3. Bauaktion in einem großen Raum (s. Materialliste),
4. Abschluss, z. B. gemeinsam im neuen Gebäude oder wieder am Altar etc. sitzend (ggf. mit einem kleinen Mahl).

6 Das bringt's – für die Konfis

Für Konfirmand*innen ist das Bauen mit Styropor wunderbar. Es stärkt den Gruppenzusammenhalt und die Gruppendynamik. Je nach Lust und Laune können die Jugendlichen im Bauprozess individuell mit dem Styropor arbeiten (z. B. an Deko-Elementen oder Inneneinrichtung) sowie in kleinen Gruppen. Da es darum geht, gemeinsam *eine* Hütte, *ein* Zelt oder Haus zu bauen, ist Verständigung und Kooperation notwendig. Reizvoll finde ich am Bauen mit Styropor, dass man schnell etwas sehr *Großes* bauen kann. Einmal nicht mit Schere, Stiften oder Papier zu arbeiten, sondern in größeren Dimensionen, macht Spaß und motiviert, größer und weiter zu denken!

7 Da geht noch mehr

Wie man unter Anleitung von Künstler*innen einen ganzen Kirchraum mit Besucher*innen und Gemeindemitgliedern immer wieder umbaut und umgestaltet, dazu ist z. B. die Atelierkirche beim Kirchentag in Stuttgart ein gutes Beispiel. Die Idee, eine Kirche für eine begrenzte Zeit als Atelier- und Bauraum zu öffnen, stammt von der Pfarrerin Petra Dais. Zusammen mit dem Künstler Thomas Putze, weiteren Künstler*innen und der Gemeinde, die große Baumstämme und -äste sowie alte Laken spendete, konnte man den Kirchraum als Raum im Prozess erleben und selbst mitbauen: www.atelierkirche.de.

Abb. 2: Bau der Styropor-Kapelle (© Annette Plaz)

10 Gerettet! Kritischer Erntedank – mit Konfirmand*innen Lebensmittel retten

Annette Plaz

1 Die Idee

Ausgemustert heißt noch lange nicht wertlos! Stell dir vor, aus schon verloren geglaubten Lebensmitteln wird noch ein leckeres Essen! Am Anfang stand ein Foto. Ein Gemeindemitglied hatte einen riesigen Container mit weggeworfenen Lebensmitteln in der Nähe der Kirche entdeckt und fotografiert. Daraus entstand die Idee, den Umgang mit Essen in unserer Gesellschaft im Rahmen von Erntedank zu thematisieren. Und das in einer Aktion, die sich dem »undankbaren Rest« widmet: Dem, was weggeworfen werden soll, was nicht konsumiert wurde und eigentlich noch gut essbar ist. Durch einen persönlichen Kontakt mit einer Essensretterin von »foodsharing« war es möglich, bei einer Foodsaving-Aktion in einem Supermarkt dabei zu sein. Wir konnten Berge an Gemüse und Obst, die der Supermarkt abends aussortiert hatte, in die Kirche bringen. Die aus der Rettungsaktion erhaltenen Lebensmittel haben wir im Kirchraum zu leckeren Salaten, Milchshakes und Smoothies verarbeitet. Dabei beschäftigten wir uns spielerisch und praktisch mit »Erntedank«, »Konsum«, »Überfluss«, »Teilen« und »Nachhaltigkeit«.

2 Wo und für wen?

Der »kritische Erntedank« ist eine eigene Herangehensweise an Erntedank und bietet an, mit den Konfirmand*innen zu reflektieren, wie viele Lebensmittel in unserer Wohlstandsgesellschaft weggeworfen werden, aus denen eigentlich noch tolle Dinge entstehen können. Durchs Aktivwerden wird zum Überdenken eigenen Konsumverhaltens und zum Engagement in der Gesellschaft angeregt. Für Konfirmand*innen ist die Aktion eine gute Möglichkeit, mit Menschen in Kontakt zu kommen, die sich aktiv für eine Sache – hier für einen bewussten Umgang mit Natur und Nahrung – engagieren. Die Konfirmand*innen bereits in die Rettung der Lebensmittel einzubinden, hat den Vorteil, dass sie bei einer »aufregenden Aktion« dabei sind und sich so mit dem Thema identifizieren. Die Essensretter*innen freuen sich meist über Interessierte, die mitmachen, und sie informieren gern über ihre Leidenschaft. Das gemeinsame Retten, Kochen und Essen stärkt den Gruppenzusammenhalt und ist der Kooperation und Gruppendynamik zuträglich. Die Aktion ist auch unabhängig von Erntedank durchführbar.

3 Das Material

- Mixer (am besten mehrere), Schüsseln, Gläser, Besteck, Servietten,
- Biomüll(tüten) für die Schalen etc.,
- Schneidemesser, Hobel/Schäler, Schneidebrettchen für alle,
- eine Kochplatte,
- Gewürze, Salz, Pfeffer, Zucker, Honig,
- genügend Tische,
- ggf. Material zum Thema »Erntedank und Foodsaving/Foodsharing«
- Digitalkamera

4 Das gilt es im Vorfeld zu beachten

Kontakt zu Menschen oder Initiativen wie z. B. Foodsharing e. V. (www.foodsharing.de) aufnehmen, die sich dem Retten von Lebensmitteln verschrieben haben. In der Regel lässt sich ein Termin vereinbaren, um beim Essensretten dabei zu sein (meist kurz vor dem Schließen eines Supermarkts oder Markts). Das Projekt erklären und absprechen, wie viel Essen mitgenommen werden kann.

Es kann sein, dass nicht alle Konfirmand*innen mit in den Laden gehen können, da die Supermärkte die Aufmerksamkeit der anderen Kunden nicht auf die Essensrettung lenken wollen, doch zum Tragen und Transportieren der geretteten Lebensmittel braucht es dann sicher viele helfende Hände.

Flexibilität: Man weiß oft nicht, was an einem Tag genau in einem Supermarkt abfällt. Daher flexibel planen und gegebenenfalls mit den geretteten Lebensmitteln neue Sachen erfinden oder spontan Rezepte im Internet suchen, die zu den geretteten Lebensmitteln passen. Natürlich kann man im Vorfeld vorsichtshalber Basis-Lebensmittel zum Strecken des Geretteten besorgen oder ein einfaches Gericht (wie z. B. Nudeln mit Soße) als Basis planen und die Salate/Smoothies als Vorspeise, Ergänzung und Dessert dessen betrachten.

Alternativ: Es gibt einen Kontakt, bei dem etwas sicherer ist, dass etwas abfällt, z. B. von einem Bauernhof.

Zusätzlich: Zu einem Extra-Termin kann im Vorfeld jemand eingeladen werden, der*die schon länger Lebensmittel rettet und den Konfirmand*innen davon erzählt, warum ihm/ihr das wichtig ist und wie es generell funktioniert.

Tipps: Da das Essen meist etwas »angeschlagen« wirkt (Bananen mit schwarzer Schale) und schnell verarbeitet werden sollte, ist es hilfreich, den Abend des Essensrettens direkt vor der Einheit zum Thema »Erntedank« zu machen, z. B. am Abend vor der Konfi-Zeit. Zum besseren Lagern ist ein Kühlschrank hilfreich. Schön ist es, wenn es in der Kirche Platz um den Altar gibt, die geretteten Nahrungsmittel wie bei Erntedank üblich auf dem Altar drapiert werden und das Kochen am nächsten Tag in unmittelbarer Altarnähe stattfindet. Die Verantwortlichen für Kirche bzw. Gemeindehaus sollten informiert sein.

5 So geht's

Einstieg in das Thema. Zum nachhaltigen Umgang mit Nahrungsmitteln und anderen Konsumprodukten kann man in die Konfi-Stunde eine*n Foodsaver*in einladen und nach einem Bericht ins Gespräch einsteigen. Die Konfirmand*innen können sich dazu im Vorfeld Fragen an den Gast überlegen.

Die Aktion »Essen retten« geht der Erntedankfeier voran. Die Konfi-Gruppe trifft sich kurz vor Ladenschluss an einem Supermarkt mit den Foodsaver*innen, trägt/transportiert die geretteten Lebensmittel zur Kirche und drapiert das Essen auf dem Altar oder ggf. erst einmal im Kühlschrank. Ähnliches kann auch auf dem örtlichen Bauernhof stattfinden. Dabei ist wichtig, dass Transportgefäße oder Fahrzeuge wie Tüten und Taschen, Lastenfahrrad oder Bollerwagen zum Transportieren der Lebensmittel vorhanden sind.

Erntedank feiern, gemeinsam vorbereiten und essen. Raum/Kirche vorbereiten: Die Lebensmittel, bevor die Konfirmand*innen kommen (so nicht schon am Abend vorher geschehen), schön und wertschätzend auf dem Altar drapieren. Das restliche Material zur Aktion kann später mithilfe der Konfirmand*innen herbeigeholt, die Tische aufgestellt werden etc. Wichtig ist, dass der Raum durch den drapierten Altar/Tisch schon eine gewisse Besonderheit und Feierlichkeit ausstrahlt.

Einstieg ins Thema »Essen und Konsum« durch »Icebreaker-Spiele« wie »Obstsalat« oder »Bananen abjagen«. Echte Bananen (vielleicht sogar gerettete!) werden mit einer Wäscheklammer hinten an der Hose jedes Konfis befestigt. Anschließend gibt es ein bis zwei Fänger*innen, die den anderen ihre Bananen abjagen müssen.

Am Altar. Die gesamte Konfi-Gruppe versammelt sich um den Altar. Wir sprechen anhand eines Fotos vom weggeworfenen Essen und/oder anhand unserer Foodsaving-Erfahrung vom Tag zuvor über folgende Themen:
- In Deutschland werden über 11 Millionen Tonnen an Lebensmitteln pro Jahr weggeworfen.
- Es gibt eine große Diskrepanz zwischen dem Überfluss in Deutschland und dem Hunger in anderen Erdteilen: Eigentlich könnten alle satt werden, schließlich werden mehr Lebensmittel hergestellt, als man weltweit benötigt.
- Wir stellen die Frage »Was könnten wir konkret ändern?« und brainstormen darüber mit allen Beteiligten. Beispiele sind: Essen retten wie in der gemeinsamen Aktion/Essen an Bedürftige geben/Versuchen, nicht zu viel einzukaufen, was schlecht wird/Bevor das Essen schlecht wird, es an andere verschenken/Versuchen, den Konzernen zu vermitteln: Wir kaufen auch Früchte, die braune Stellen haben, sie müssen nicht perfekt sein.

Am Ende der gemeinsamen Zeit am Altar brechen wir ein gerettetes oder extra besorgtes Brot und teilen es mit der Botschaft: »Wenn wir das Essen mit anderen Menschen teilen – wie z. B. auch bei Jesu Mahlfeiern –, ist für alle etwas da.«

Zubereiten. Brainstorming, was man mit den vorhandenen geretteten Lebensmitteln zubereiten kann. Oder wir geben aufgrund der vorher gesichteten Auswahl den Konfirmand*innen gleich Rezepte für das, was es geben kann. Die Gerätschaften, die zum Zubereiten gebraucht werden, legen wir bereit. Tische und Stühle werden bereitgestellt. In Kleingruppen wird dann das Besprochene zubereitet.

Essen: Wenn alles zubereitet ist, richten wir die Speisen schön auf einer Tafel an. Eine Gruppe, die bereits früher mit ihrer Speise fertig ist, kann mit dem Decken des Tisches beginnen. Besteck, Teller und Gläser sollten vorhanden sein. Bevor wir anfangen zu essen, stellen die Kleingruppen ihre Speisen vor. Nach einem Dankgebet beginnen wir das gemeinsame Essen.

Anschließend ist gemeinsames Aufräumen und Spülen angesagt (Spülbecken und Handtücher).

6 Das bringt's

Durch die Aktion entsteht bei den Konfis Sensibilität für die Bewahrung und Wertschätzung der Schöpfung. Sie reflektieren den eigenen Konsum, kritischer Konsum wird angeregt. Beim gemeinsamen Kochen werden Teamfähigkeit und der Teamgeist gestärkt, was zur Gruppendynamik und zu einem positiven Sozialverhalten beiträgt. Die Konfirmand*innen erfahren, dass aus »Altem«, »Weggeworfenem«, »Ausgemustertem« leicht und vergnüglich Neues und Wertvolles entstehen kann. Sie treffen durch die Foodsaver potenzielle Vorbilder, die sich um das Gemeinschaftswohl sorgen.

7 Da geht noch mehr

Man kann auch gut mit der ganzen Gottesdienstgemeinde gerettetes Essen verarbeiten und ein Essen aus den Erntedankgaben zubereiten. Eine spielerische Form ist es, die Gemeindemitglieder in Kleingruppen nicht nach Rezept kochen zu lassen, sondern jeder Gruppe drei bis fünf Lebensmittel zuzulosen, aus denen sie ein Fantasiegericht mit einem neuen Namen kreieren.

11 Parcours mit meinem Gott – Gottesbilder erlebnispädagogisch erschließen

Nikolai Jünger

1 »Mit meinem Gott kann ich …«

Da denke ich, es ist noch einen Monat hin, und dann steht der Konfi-Tag überraschend vor der Tür. Erst war ich der Meinung, ich hätte gar keine Zeit zur Vorbereitung. Doch dann war die Idee da: »Ein Parcours mit meinem Gott«

Ich bin überzeugt, dass Lebenserfahrungen von mitmenschlicher Hilfe und Rettung – erfahrene Nächstenliebe (Lk 10,30 ff.), die tröstende Mutter (Jes 66,13) – positiven Einfluss auf das Glaubensleben haben. Damit meine ich, dass es leichter zu verstehen oder zu verinnerlichen ist, was es heißt, existenziell von Gott getragen zu sein, wenn ich ganz profan erfahren habe, wie es sich anfühlt, getragen zu werden: auf den Schultern von Papa oder auf Händen über den Köpfen meiner Jugendgruppe.

Ich spreche daher nach dem »Parcours mit meinem Gott« mit meinen Konfirmand*innen über den Hirten aus Psalm 23. Gemeinsam haben sie die Herausforderungen des Parcours gemeistert: sechs Hindernisse. Auf das Bild des Hirten angesprochen, kommen sie ziemlich schnell zu der Beschreibung: »Ein Hirte führt seine Schafe auf einem sicheren Weg.« Und ich frage: »Wer ist denn vorhin mit beherzten Schritten vorangegangen – auf der ersten Strecke (Hindernis 1), auf der alle riesige Schritte machen mussten von einer Bank zur nächsten?« Alle zeigen auf Marvin. »Wie war das für dich, Hirte zu sein?«

Nach jeder erfolgreich überwundenen Hindernisstrecke sammelt sich die Gruppe auf einer sicheren »Insel«. Dort erhält jede*r ein Sammelkärtchen mit einem biblischen Bild, einer biblischen Metapher von Gott. Die Gottesbilder stehen in Spannung zu den

Hindernissen. Sie sind ihnen so zugeordnet, dass sie ein Bedürfnis ansprechen, das das Hindernis erfahrbar macht.

Auf schmalem Grat (2) sind sie balancierend unterwegs, und Jesus sagt: »Ich bin der Weg« (Joh 14,6). Wie ist der Weg beschaffen: breit, steinig oder verschlungen? Durch eine Fensterluke (3) steigen sie zu einem sicheren Ort: »Gott ist meine starke Burg« (2. Sam 22,33). Mit verbundenen Augen tasten sie sich von Scholle zu Scholle über einen Säuresumpf (4) und bekommen das Versprechen »Der Herr ist mein Licht« (Ps 27,1). Mit vollem Körpereinsatz überqueren sie eine Hängebrücke (5) auf dem »Parcours mit meinem Gott«. Wenn Gott ein »Kämpfer wie ein Löwe« (Jes 31,4) ist, mit wem war er auf der Brücke? Am stärksten schlottern die Knie beim Drahtseilakt (6), Gott ist dabei: »Er ist der Fels« (5. Mose 32,4).

Diese Hindernisse müssen die Konfis gemeinsam überwinden. Nach dem Parcours ordnen sie die Gottesbilder den entsprechenden Bibelstellen zu. Dazu schlagen sie sie in der Bibel nach, um ihre Sammelkärtchen schließlich an die richtige Stelle auf ein Arbeitsblatt zu kleben. Ein Gespräch über die Gottesbilder und die Erfahrung mit den Hindernissen schließt sich an.

Grenzerfahrung

Der »Parcours mit meinem Gott« (s. Abb. 3) ist für Gruppen ab zehn Personen geeignet. Erstmals umgesetzt habe ich ihn mit sechzehn Konfirmand*innen. Steigt die Anzahl der Teilnehmenden, sollten Teilgruppen gebildet werden, die den Parcours an verschiedenen Abschnitten beginnen und beenden. Da ich die Hindernisstrecken im Kreis angeordnet habe, braucht es keinen definierten Anfang bzw. kein Ende. Alle sechs Stationen können in beliebiger Reihenfolge angeordnet und absolviert werden.

Der Zeitpunkt für die Umsetzung des Projekts hängt nicht unbedingt von Jahreszeit und Wetterlage ab. Nässe erhöht die Unfallgefahr, doch sie steigert zugleich die Herausforderung und das Erfolgserlebnis. Und der Erfolg ließe sich hinterher bei einer Tasse heißem Kakao feiern.

Der »Parcours mit meinem Gott« entstand für ein monatliches Modell. Die Gruppe trifft sich an einem Samstagvormittag im Monat von 9:00 bis 12:30 Uhr. Beim Frühstück wächst die Gruppe zusammen. Nebenbei achte ich darauf, wie die Stimmung ist und ob es zu Beginn z. B. erst einmal ein Energiespiel geben muss.

Säuresumpf
Was wäre, wenn beim Frühstück plötzlich eine Säure den Boden überschwemmt, sodass sich nur die Metallbeine der Tische und Stühle nicht auflösen. Wie käme die Gruppe in solch einer Situation zurecht? Würde sie es schaffen, gemeinsam auf Stühlen zum rettenden Ausgang zu gelangen?

Mit diesem Bild im Kopf sind die Grundregeln klar: Niemand darf den Boden berühren, sonst ist das Spiel verloren oder alles muss zurück auf Neustart. Leicht ist es, wenn ebenso viele Stühle zur Verfügung stehen wie Mitspieler*innen. Die Herausforderung wächst mit jedem Stuhl weniger, den die Spielleitung erlaubt. Die Schwierigkeit steigt weiter, wenn jeder Stuhl nur einmal bewegt, also verschoben oder umgestellt werden darf. Je nachdem, wie weit der zu erreichende Ausgang bzw. die Rettungszone entfernt ist, braucht es eine machbare Anzahl an Stühlen: mindestens einen Stuhl pro Meter. Je weniger durch die Spielleitung erklärt wird, desto stärker ist die Gruppe gefordert, eine Lösung zu finden. Als Leiter*in ist Ausgewogenheit zwischen Konsequenz und Kulanz gefragt. Während ich beim Frühstück vor mich hin fantasiere, ist schon eine Hindernisstrecke erfunden: der Säuresumpf – nicht mit Stühlen, sondern mit Teppichfliesen. Von wegen gesittetes Frühstück ohne Grenzerfahrung!

2 Im Pfarrgarten steht eine Arche

Unser Pfarrgarten ist ein großer Gemeindegarten, den man über den Hof von einem Gemeinderaum aus betreten kann. Hier gibt es alte Obst-, Laub- und Nadelbäume, Wäscheleinenstangen, Bänke um eine Feuerschale und weiter hinten eine »Arche«. Das ist ein etwas in die Jahre gekommenes Klettergerüst mit Rutsche, Leiter und Tierfiguren. Der perfekte Ort für einen »Parcours mit meinem Gott«. Man braucht wenigstens zwei Bäume oder andere stabile Ankerpunkte für die Slackline. Alle anderen Hindernisse lassen sich alternativ aufbauen.

Die Arbeitsblätter waren schnell kopiert und gelocht, die Kärtchen mit den Gottesbildern auf stärkeres Papier oder Karton gedruckt und zugeschnitten. Scheren, Klebstoff, Stifte und Bibeln sind im Unterrichtsraum vorhanden. Sofern die Konfirmand*innen im Finden von Bibelstellen erfahren sind, brauchen sie keine Hilfsmittel. Da meine Konfis zum Teil noch nicht so vertraut mit der Bibel waren, erhielten sie Hilfsblätter zum Auffinden von Bibelstellen und die Abbildung eines Bibelschranks mit allen Büchern der Bibel in der richtigen Reihenfolge (Teamer*innen, andere ehrenamtliche Mitarbeitende).

Die größte Herausforderung stellt die Vorbereitung des Parcours dar. Jede Aufgabe muss vom Team vorher selbst ausprobiert werden, um Schwierigkeit und Sicherheit einschätzen zu können. Damit der Spaß nicht durch Unfälle getrübt wird, haben Sicherheitsvorkehrungen Priorität. Es ist wichtig, das Material, dessen Belastungsgrenzen und den Aufbau (z. B. der Slackline) zu kennen. Bänke und Holzklötze können gefährlich kippeln, wenn ein Mensch darüber balanciert. Der Untergrund muss gut gewählt und vorbereitet werden. An risikoreichen Streckenposten braucht es helfende Menschen, die eingreifen können.

Je nachdem, welche Materialien vorhanden und wie viele Helfer*innen dabei sind, müssen für die Vorbereitung (Materialherstellung, -sichtung und -sammlung) zwei bis vier Stunden eingeplant werden. Der Aufbau nimmt für Geübte nach guter Vorbereitung etwa ein bis zwei Stunden in Anspruch. Der Abbau geht schneller. Für die Durchführung des Parcours, der Bibelstellenarbeit und des abschließenden freien Spiels im Parcours sollten drei Stunden eingeplant werden.

3 Hab ich nicht noch irgendwas zum Drauftreten?

Die Aufgabe der Gruppe(n) ist es, jedes Hindernis zu überwinden. Die jeweilige Herausforderung ist bewältigt, wenn die gesamte Gruppe auf der nächsten Insel angekommen ist. Berührt eine*r den Boden, muss sie*er (oder verschärft: die ganze Gruppe) zurück zur letzten Insel. Haben alle die Insel erreicht, erhält jede*r ein gleiches Sammelkärtchen mit dem Gottesbild. Die Herausforderung war es, einen möglichst abwechslungsreichen Parcours zu gestalten, bei dem die Konfis nicht den Boden berühren. Dafür suchte ich möglichst verschiedene Materialien zusammen, auf die man treten konnte.

Zur Begrüßung und zum Abschied braucht es Liederbücher/Noten und musikalische Begleitung (Gitarre, Klavier) für das Lied »Mit meinem Gott kann ich über Mauern springen« (aus dem Liederbuch: »Berliner Lieder«, Nr. 48). Für die vorgeschlagenen sechs Hindernisse werden folgende Materialien benötigt:

- Hindernis 1 »Beherzte Schritte«
  2–3 stabile Gartenbänke und 1–2 Holzklötze
  Sammelkärtchen: »Der Herr ist mein Hirte.«
  alternativ: 4–8 stabile Stühle
- Hindernis 2 »Auf schmalem Grat«
  5 dicke Äste
  Sammelkärtchen: »Ich bin der Weg.«
  alternativ: 2–3 Gerüststangen und 3–4 Europaletten
- Hindernis 3 »Fensterluke«
  Klettergerüst mit Fensteröffnung
  Sammelkärtchen: »Gott ist meine starke Burg.«
  alternativ: 2 Hula-Hoop-Reifen oder große Bilderrahmen in zwei Höhen aufgehängt
- Hindernis 4 »Säuresumpf«
  Teppichfliesen entsprechend TN-Zahl
  Augenbinden für die Hälfte der Teilnehmenden
  Sammelkärtchen: »Der Herr ist mein Licht.«
  alternativ: Kartonfliesen oder alte Sitzkissen
- Hindernis 5 »Hängebrücke«
  40 Meter Seil
  Sammelkärtchen: »Ein Kämpfer wie ein Löwe.«
  alternativ: Strickleiter oder Leiter auf zwei stabilen Böcken
- Hindernis 6 »Drahtseilakt«
- Slackline (10–15 Meter), Seil (15–20 Meter), Karabiner und stabiles, weiches Gurtband oder Seil zum Festhalten, Schnur (20 Meter)
- Sammelkärtchen: »Er ist der Fels.«
- alternativ: Lastenspanngurt statt Slackline und/oder Halteseil

Nach jedem erfolgreich überwundenen Hindernis erhalten die Konfis Sammelkärtchen, die nach dem Parcours in ihr Arbeitsblatt entsprechend den dort aufgeführten Bibelstellen sortiert und geklebt werden müssen:
- Ps 93,1; Mt 14,33; Ps 23,1; Jes 66,13; Mt 6,9; Ps 7,9; Jes 31,4; Joh 4,24
- Aufgabe: Suche die Bibelstellen in diesen Feldern in deiner Bibel. Wenn du das passende Sammelkärtchen zur Bibelstelle gefunden hast, klebe es in das richtige Feld unter die angegebene Bibelstelle.
- Die übrigen benötigten Materialien sind Bibeln, Stifte und Klebstoff entsprechend der Anzahl der Teilnehmenden.

4 Hast du das drauf?

Für die Dokumentation braucht es jemanden, die*der Fotos macht. Je nach Schwierigkeitsgrad sind Helfer*innen – »Engel« genannt – nötig, um die Sicherheit an den Hindernissen zu gewährleisten. Das Scheitern gehört zum Leben wie zum Parcours dazu. Wie leicht oder schwer ein Hindernis für die jeweilige Gruppe ist, zeigt sich erst bei der Aktion. Es kann nötig sein, dass mehrere Personen auf die Einhaltung der Regeln achten. Die Leiter*innen müssen auf Fragen antworten und Regeln konkretisieren. Ist ein Hindernis zu leicht, sollten die Regeln verschärft werden. Bei der Suche in der Bibel brauchen die Konfirmand*innen zum Teil Begleitung. Hier kommen individuelle Fragen auf, die lohnende Nebenschauplätze eröffnen: Bibelhermeneutik, inhaltliche Fragen zu biblischen Büchern. Es ist wichtig, sich bewusst zu sein, dass die Konfis im Spielmodus sind. Sie spielen nun auch mit der Bibel, entdecken etwas, weil sie gerade den Kopf frei und alle Sinne aktiviert haben. Wir haben Kleingruppen von zwei bis drei Jugendlichen gebildet. Dadurch konnten sie sich gegenseitig helfen. Der »Parcours mit meinem Gott« ist eine gute Gelegenheit, um Teamer*innen in die Arbeit zu integrieren als Engel im Parcours und bei der Bibelstellensuche. Bei der Verpflegung sind v. a. Eltern eine große Hilfe.

5 Verlaufsplan

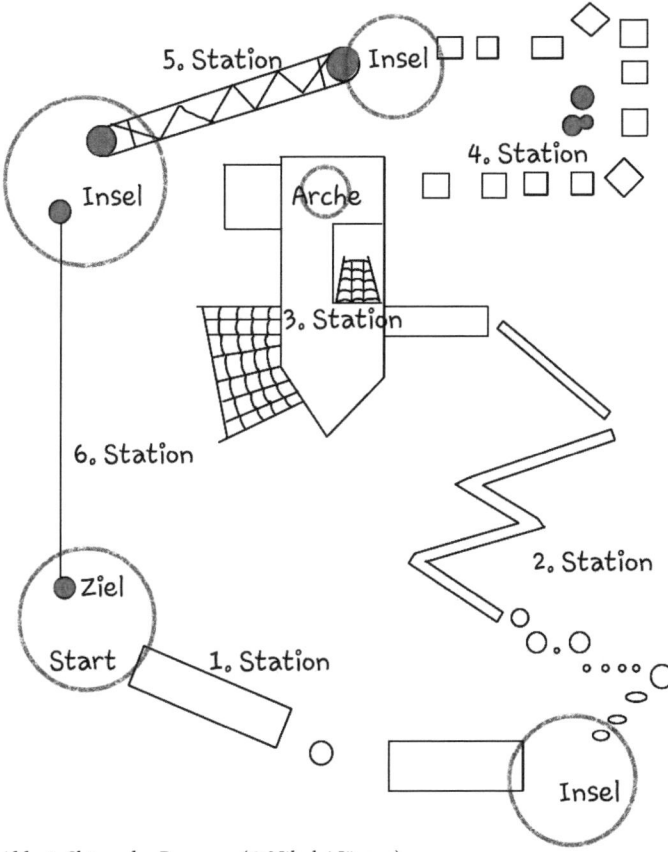

Abb. 3: Skizze des Parcours (© Nikolai Jünger)

- 90 Minuten Vorbereitung und Aufbau
- 10 Minuten Begrüßung »Was dich heute erwartet« und Lied »Mit meinem Gott kann ich über Mauern springen« (Nr. 48 in: Berliner Lieder, Günter Brick u. a., München 2014)
- 10 Minuten Überblick über den Parcours und über die jeweiligen Aufgaben geben
- 90 Minuten Parcours
  6 Hindernisstrecken absolvieren

Spielregeln der jeweiligen Hindernisstrecke erklären
Sammelkärtchen austeilen
- 20 Minuten Erfahrungsaustausch mit Keksen und Getränk
»Was ist dir schwergefallen? Was war richtig gut?«
- 15 Minuten Ergebnissicherung mit Arbeitsblatt
Bibelstellen aufschlagen und Sammelkärtchen aufkleben
- 10 Minuten Auswertung des Arbeitsblattes
Auflösung Bibelstellen und Fragen
- 15 Minuten Aufräumen des Gruppenraumes und freies Spiel auf dem Parcours
- 10 Minuten Abschluss mit dem Lied: »Mit meinem Gott ...«
Ausblick auf das nächste Treffen, Gebet und Segen
- 60 Minuten Abbau

6 Schritt für Schritt geht Gott mit

Wer diese Einheit *einfach mal nachmachen* möchte, wird den »Parcours mit meinem Gott« individuell verändern und ins eigene Konzept einpassen. Die Hinführung zum Parcours verweist auf die menschliche Erfahrung von Gottes Mitsein (und seiner Begleitung). Menschen erzählen davon, und solche Zeugnisse sind in der Bibel gesammelt. Der Hindernisparcours stellt das Leben mit seinen Herausforderungen dar. Menschen gehen den Lebensweg nicht allein, sondern mit anderen Menschen und mit Gott. Ich halte es für wichtig, die Jugendlichen nicht im Ungewissen zu lassen über den Tagesplan. Nach meiner Erfahrung ist die Motivation größer, wenn von Beginn an alle Hindernisstrecken im Überblick mit der groben Aufgabenstellung bekannt sind. Die oberste Regel für den gesamten Parcours bleibt: Der Rasen (Boden) darf nicht betreten werden – ausgenommen die markierten Sammelpunkte, die sogenannten Inseln.

Hindernis 1

Das erste Hindernis besteht aus 2–3 stabilen Gartenbänken oder 6–8 Stühlen. Sie werden so weit entfernt voneinander aufgestellt, dass ein mutiger, großer Schritt von etwa 1–1,5 m gemacht werden muss. Eine Lösung der Gruppe kann es sein, dass eine Person springt. Oder die Person mit den längsten Beinen wird am ausgestreckten Arm hinübergeschoben. Den anderen kann durch Halten auf der einen und Ziehen auf der anderen Seite geholfen werden, einen »Spagatschritt« zu machen. Ich habe zwei Bänke, einen großen Holzklotz und den vorhandenen alten Baumstumpf so zusammengesetzt, dass eine Hindernisstrecke von etwa 8–10 Metern entstand. Am Ende braucht es eine gekennzeichnete Insel (Schnur, Flatterband, 3 Hula-Hoop-Reifen, eine Plane), auf der sich die Gruppe sammelt. Wer »abstürzt« und auf den Boden tritt, muss die Hindernisstrecke von vorn absolvieren. Eine Regelverschärfung ist es, wenn bei Bodenberührung die gesamte Gruppe an den Ausgangspunkt des Hindernisses zurück muss. An der Insel angekommen, erhält jede*r das erste Sammelkärtchen mit dem Gottesbild: »Der Herr ist mein Hirte.«

Hindernis 2

Zum Balancieren über die zweite Hindernisstrecke sind dicke Äste, Stangen, Vierkanthölzer und verschieden hohe Holzklötze geeignet. Die Stangen und Äste müssen gesichert werden, damit sie nicht ins Rollen geraten. Das funktioniert, indem ein Querholz (ein Brett, eine Dachlatte) mit dem Ast verschraubt oder zusammengebunden wird. Die Äste können auch im Zickzack miteinander verbunden werden, sodass die gesamte Konstruktion stabil ist. *Alternative:* Man kann ein oder zwei Gerüstbaustangen zwischen zwei Europaletten legen und so zwei verbundene Plattformen schaffen. Es ist zu beachten, dass die Enden der Stangen dabei an beiden Enden zu mindestens 40 cm aufliegen. Auch nach diesem Hindernis braucht es einen Sammelpunkt. Dort angekommen erhält jede*r das Sammelkärtchen: »Ich bin der Weg.«

Hindernis 3

Das Klettergerüst »Arche« war unser drittes Hindernis. Auf ihm befand sich auch die zweite Insel. Hier mussten die Konfirmand*innen eine enge Fensterluke durchklettern.

Eine Alternative: Zwischen zwei Bäume oder Pfosten werden zwei unterschiedlich hohe Öffnungen gespannt (aufgehängt). Dazu eignen sich Hula-Hoop-Reifen, große Bilderrahmen, oder die Öffnungen werden mit einem Seil selbst hergestellt. Durch die untere Öffnung dürfen nur vier Gruppenmitglieder steigen – sinnvollerweise die ersten und die letzten beiden. Durch die obere Öffnung müssen alle anderen gehoben und empfangen werden. Das Erlebnis, auf Händen über den Köpfen der anderen getragen durch eine schmale Passage zu gelangen, schafft besondere Nähe und erfordert großes Vertrauen. Beide Öffnungen dürfen dabei *nicht berührt* werden. Sonst müssen alle von vorn beginnen. Der Bereich vor und hinter dieser »Fensterluke« sollte wie eine Insel betretbar sein. Hier erhalten alle das Sammelkärtchen: »Gott ist meine starke Burg.«

Hindernis 4

Aus übriggebliebener Auslegeware habe ich Teppichfliesen für die vierte Hindernisstrecke geschnitten. Sie sind so groß, dass ein Paar Füße in Schuhen drauf passt (25 × 35 cm). Die vierte Hindernisstrecke muss unter Verwendung dieser »Schollen« überwunden werden. Nur die Teppichfliesen dürfen betreten werden. Jede*r Konfirmand*in erhält eine Scholle, um den Säuresumpf zu überqueren. Je nach Entfernung der Zielinsel (10–20 m) dürfen diese Schollen nur einmal ausgelegt oder wieder aufgenommen und zur Spitze durchgegeben werden (wie beim »Säuresumpf« beschrieben). Werden jedem zweiten Gruppenmitglied die Augen verbunden, ist die Gruppe noch viel stärker aufeinander angewiesen. Die Sehenden bauen den Pfad über den Sumpf, Füße müssen gesetzt werden und alle sind gezwungen, mehr miteinander zu sprechen, um die nächste Insel zu erreichen. Am Ende passt dann das Sammelkärtchen: »Der Herr ist mein Licht.«

Hindernis 5

Die fünfte Hindernisstrecke deutet eine Hängebrücke an. Ich habe zwischen zwei Bäumen im Abstand von ca. sieben Metern ein 40 m-Seil gespannt – auf der einen Seite des Stammes hin und auf der anderen Seite zurück. Diese beiden Seilstücke habe ich mit dem übrigen Seil im Zickzack miteinander verbunden.

Alternative: Es kann auch eine Strickleiter verwendet werden, die gegen das Umschlagen über Kopf gesichert ist. Die anderen aus der Gruppe sind gut beraten, dieses wackelige Hindernis zur Unterstützung festzuhalten. Als zweite Alternative schlage ich eine einfache Leiter vor. Sie wird an den Enden auf stabile Sägeböcke gelegt und mit ihnen fest verbunden. Diese Konstruktion muss gegen das Umfallen gesichert werden. Ist die Leiter hoch genug angebracht, kann man auch versuchen, sich von unten an der »Brücke« entlangzuhangeln. Auf der anderen Seite erhält jede*r das Sammelkärtchen: »Ein Kämpfer wie ein Löwe.«

Hindernis 6

Das Ziel der sechsten und letzten Hindernisstrecke befindet sich am anderen Ende der 15 Meter langen Slackline. Sie wird zwischen zwei Bäume gespannt. Über der Slackline führe ich ein Seil, das grade noch mit den Händen erreichbar ist. Daran habe ich einen Kletterkarabiner (HMS) gehakt und ein weiches Halteband mit zwei herunterhängenden Enden befestigt. An diesem Band können sich die Konfis festhalten. Eine lange Schnur am Karabiner ermöglicht es der Gruppe, dieses Halteband für die nächste Person zurückzuziehen. Maximal zwei Personen dürfen die Slackline gleichzeitig betreten, damit niemand sie in der Mitte bis auf den Boden drückt. Für die Helfer*innen (Engel) ist darauf zu achten, dass die größte Gefahr darin lauert, wenn jemand mit dem Fuß von der wackelnden Slackline abrutscht. Dann kippt man nämlich nicht, wie man es die ganze Zeit zu verhindern sucht, nach rechts oder links, sondern fällt ohne Festhalten senkrecht nach unten. Durch das Halteband werden die Stürze minimiert, doch die Herausforderung bleibt. Am Ziel bekommt jede*r das Sammelkärtchen: »Er ist der Fels.«

Und danach …

… ist eine Stärkung nötig. Bei guter Verpflegung mit Snacks und Getränken ist der Erfahrungsaustausch schnell in vollem Gange. Es ist ratsam, die Stimmung aufzugreifen und im freien Gespräch über die Herausforderungen im Parcours zu sprechen. Wenn möglich, sollte jede Teilgruppe Zeit für ein eigenes Auswertungsgespräch bekommen. Gibt es mehrere Leitungspersonen, können diese von Beginn an aufgeteilt werden und die Gespräche parallel führen.

Impulse können sein: »Welche deiner Sammelkarten war am schwersten zu erreichen? Welches Gottesbild passt am besten zu dem Hindernis? Hast du eine Lieblingssammelkarte? Gab es im Parcours jemanden, der sich wie ein Hirte verhalten hat? Wenn Jesus

Christus sagt, ›Ich bin der Weg‹, wie muss der Weg beschaffen sein? Welcher Weg ist gemeint? Wie genau ist Gott, wenn er eine starke Burg ist?«

Nach dem Gespräch erhalten die Konfirmand*innen das Arbeitsblatt mit dem Auftrag, die Sammelkärtchen zuzuordnen und aufzukleben. Sie können einzeln oder in Kleingruppen arbeiten. Es ist nicht zu erwarten, dass sich die Jugendlichen den Kontext der Bibelstelle genauer anschauen. Doch je unerfahrener meine Konfirmand*innen im Umgang mit der Bibel waren, desto mehr sind sie mit spielerischem Forschergeist mit der Bibel umgegangen. Dann werden die Arbeitsblätter verglichen.

Das anschließende freie Spielen im Parcours ist nicht zwingend erforderlich. Die Jugendlichen erhalten jedoch die Chance, noch einmal etwas anderes auszuprobieren. Zum Abschluss passt das Lied »Mit meinem Gott« ausgezeichnet. Mit Gebet und Segen endet der Konfi-Tag.

7 Manche Technik versagt

Der Mensch ist es gewohnt, seine Füße auf festem Boden zu spüren. Bei schwankendem Untergrund muss das Zusammenspiel von Muskelgruppen und Gleichgewichtssinn neu gelernt werden. Darum wackeln bei allen, die eine Slackline zum ersten Mal betreten, die Beine unter dem Körper. Solche Hindernisse sind erwünscht. Doch auf den sechs Hindernisstrecken verbergen sich auch andere Stolpersteine: Für die Leitung sind Aufmerksamkeit und Ausgewogenheit bei Entscheidungen eine Herausforderung. Als ein Jugendlicher nach wenigen Minuten die ersten drei Hindernisstrecken »überrannt« hatte, habe ich die Inseln eingeführt. Es ist Ermessenssache, wann eine Regelverschärfung angebracht oder Motivieren gefragt ist: »Hat niemand gemerkt, los weiter, ihr packt das!« Das richtige Material ist wichtig. Bierbänke sind völlig ungeeignet zum Balancieren. Dass ein Kletterseil 9 % Seildehnung hat, um Stürze »abzufedern«, wusste ich zwar, war mir der Konsequenzen aber nicht bewusst. Es führte dazu, dass meine Hängebrücke (Hindernis 5) Schwäche zeigte. Das fest gespannte Kletterseil erschlaffte zu schnell und hing bis auf den Boden. Dennoch haben alle das Hindernis brav überwunden. In der Fantasie funktionierte es scheinbar trotzdem.

8 Spielend über Gott nachdenken

Das Ziel des »Parcours mit meinem Gott« liegt darin, dass die Konfirmand*innen das Überwinden der eigenen Grenzen mit dem Mitsein Gottes reflektieren. Vordergründig sind es die Gruppenmitglieder, die einander zur Seite stehen. Die Selbstüberwindung findet allerdings bei jeder*jedem innerlich statt.

Hat Spielen einen tieferen Sinn? Ja! Entdecken, Üben, Interagieren. Es ist das normale Leben, nur ohne Zensur. Spielregeln sind keine Gesetze, Fehler und Scheitern sind Teil des Konzeptes; Lösungswege bleiben kreativ. Erlebnisspiele und Gruppenspiele fordern heraus, zeigen alltagsferne Grenzen auf und belohnen das Wagnis. Die Erfahrung der Selbstüberschätzung steht neben überraschender Unterstützung. Es ist wie im richtigen Leben, nur spreche ich dort oft im übertragenen Sinne: »In diesem Moment fühlte ich mich haltlos und spürte im nächsten Augenblick, dass ich getragen bin.«

Gott im Mitmenschen zu begegnen, ist seit Jesus Christus eine denkbare Möglichkeit. Der Glaube an Gottes Menschlichkeit hat Folgen für die Beziehung zu Gott und zu den Mitmenschen. Wir sollen »einander Christusse sein« (vgl. Luthers Freiheitsschrift). Das geht nicht ohne den Funken Göttlichkeit, den der Mensch seit der Schöpfung durch seine Ebenbildlichkeit innehat. Indem wir Herausforderungen meistern, überwinden wir uns. Das kann bedeuten, Gott in sich selbst zu spüren, wo Hoffen aufkeimt, obwohl alles unmöglich, alles verloren schien.

9 Ohne Garten und bei Regen

Auch im geschlossenen Raum lassen sich Spiele und Hindernisse zu einem Parcours kombinieren. Wer die Idee gut findet und nur begrenzte Möglichkeiten hat, kann z. B.
- mit weniger Stühlen als Konfis von einem Ende des Raumes zum anderen gelangen. Dabei darf kein Fuß den Boden berühren.

- eine Plane, auf der alle stehen, gemeinsam umdrehen ohne die Hände zu benutzen. (Es sei denn die Plane ist so klein, dass nicht alle Füße drauf passen.)
- über die Sprossen einer liegenden Leiter balancieren, ohne den Boden zu berühren.
- anstelle von Teppichfliesen Kartonfliesen oder Zeitungen verwenden.

12 WalkAway und Visionssuche – naturspirituelle Arbeit mit Konfirmand*innen

Henning Olschowsky

1 Von der Idee zum Konzept – Erfahrungsberichte

»In unserer Gesellschaft fehlen kraftvolle Initiationsrituale, die Jugendliche auf der Schwelle zum Erwachsensein unterstützen. Darum initiieren sich Jugendliche selbst mittels selbst kreierter Rituale wie S-Bahn-Surfen oder Komasaufen. Dabei geht es um den Kick, das Erleben der eigenen Grenzen, sich selbst spüren zu wollen, um Gruppenzugehörigkeit und Identität.«

So formulierte es Hans-Gerd Bauer, der bayrische Landesjugendpfarrer, in einem Deutschlandfunk-Interview im Sommer 2009. Er befand sich damals, wie auch ich, auf der Suche nach Formaten, die Jugendlichen eine kontrollierte Grenzerfahrung im Rahmen eines begleiteten Initiationsrituals ermöglichten. Impulse dafür fand er durch die »School of lost borders«, die von Steven Foster und Meredith Little in den USA begründet und entwickelt worden war. Um Jugendliche aus sozialen Brennpunkten darin zu unterstützen, Selbstvertrauen, Lebensgrund, Ziele und Visionen zu finden, gingen Little und Foster mit ihnen in die Wüste, um sie in eine heilsame Konfrontation mit ihren Grenzen zu führen. Allein und fastend erlebte jede*r Jugendliche seine eigene Initiation und Transformation in der Natur, die ihm zum Spiegel der Seele wurde. Hiervon inspiriert entwickele ich eigene naturspirituelle Formate für Jugendliche, Konfirmand*innen und Erwachsene: »WalkAway« – nachts allein im Wald mit Gott.

Seit sechs Jahren treffen sich kurz vor den Sommerferien Konfirmand*innen und Schüler*innen aus dem Leipziger Land zum WalkAway-Projekt im Mutzschener Pfarrhaus. Im Zentrum der jeweils fünf Tage steht die Solozeit, in der jede*r 24 Stunden allein, fastend an einer selbst gesuchten Stelle im Wermsdorfer Wald verbringt

(s. Abb. 4). Die Natur wird dabei zum Spiegel der Seele, denn schon bei den vorhergehenden Naturbegegnungen geht es um Angst und Vertrauen im eigenen Leben, um die Frage nach der eigenen, auch religiösen Identität, um Lebensziele und Hoffnungsgründe. Smartphones und Tablets bleiben im Pfarrhaus, was für manche Jugendliche die größte Herausforderung ist. In der Zeit allein im Wald werden Selbst- und Gottvertrauen gestärkt, Selbstverantwortung gefördert, Verbundenheit mit der Natur erlebt und bewusste Entscheidungen für nächste Schritte auf dem eigenen Lebensweg vorbereitet und getroffen. Für viele Konfirmand*innen wird damit der »WalkAway« ein wichtiger Bestandteil der Konfirmation. Zugleich nutzen immer mehr konfessionslose Jugendliche den »WalkAway« als kraftvolles Passageritual. Hier Auszüge aus den Berichten zweier Konfirmandinnen:

Helene

»Als ich das erste Mal davon hörte, 24 Stunden allein im Wald zu sein, ohne etwas zu essen, einfach um sich selbst und Gott zu finden, dachte ich: ›Cool, das mache ich!‹ […] Viele Erwartungen hatte ich nicht, außer vielleicht, dass ich danach ein bisschen anders ins Leben gehen werde. Auch Ängste hatte ich eigentlich nicht, nur ein bisschen davor, nachts nicht einschlafen zu können […] Ich brach auf zu meinem Platz, um mein Tarp aufzubauen. Ich verbrachte Zeit damit herumzuwandern, zu beten oder nachzudenken. Erstaunlich schnell war der Abend da und ich legte mich zur Ruhe, die nur durch sehr viele Mücken und Ameisen gestört wurde. Am Morgen wachte ich um 4:00 Uhr auf, weil es hell war und die Vögel lauter wurden, aber weil ich noch müde war, schlief ich wieder ein. Als wir uns zwischen 7:00 Uhr und 7:30 Uhr wieder an der Basis treffen, werden wir mit einem Räucherritual aufgenommen. […] Ich denke, dass es eine schöne und wichtige Erfahrung ist, die jeder gemacht haben sollte.«

Paula

Vogelgezwitscher, Mückensurren, rauschende Bäume, knackendes Unterholz. Halt! Das Geräusch war nicht von meinen Füßen.

Innehalten. Nichts. Ich gehe ein paar Schritte weiter, schon wieder raschelt es und plötzlich rennt ein Reh nur ein paar Meter von mir entfernt einen Bogen um mich herum. Ich kann es noch lange beobachten, bis es hinter den Bäumen verschwindet. […] Generell war es etwas anderes, als nur durch den Wald zu laufen. […] Man konnte einfach dorthin gehen, wo es einen hinzog, ob Feld, See, Wiese oder Wald. Man konnte laufen oder sitzen, ich bin manchmal auch einfach losgerannt. Aber entscheidend war, dass ich niemanden um mich herum hatte. So konnte ich auf die kleinsten Dinge achten, Zeit war ja genug […] Jetzt habe ich während einer kleiner Wanderung den Specht gesehen, der hier die ganze Zeit so einen ›Lärm‹ macht. Er klopft an einen riesigen, hohlen Baum. Ich sitze am Rand vom Feld, nahe meines Tarps, weil hier nicht so viele Mücken sind. Dünne Wolken haben sich vor die Sonne geschoben, aber es ist trotzdem noch sehr warm. Ich denke nach und genieße den Moment.

Abb. 4: Mit dem Zelt allein im Wald (© Henning Olschowsky)

2 Situation vor Ort

Das Pfarrhaus Mutzschen befindet sich in der Nähe des Wermsdorfer Waldes – ein großes, abwechslungsreiches Waldgebiet mit Waldseen, Wiesen und Lichtungen, gesäumt von Feldern und Dörfern. In einem Teil dieses Waldes liegt unser WalkAway – ein Gebiet, das ca. 800 ha umfasst. Vom Pfarrhaus bis zur Basis im Wald braucht man mit dem Fahrrad 20 Minuten.

Unsere Gruppen umfassen 7 bis 14 Personen. Für Konfirmand*innen bildet der WalkAway den Abschluss der Konfi-Zeit. Wichtig ist, dass sich die Teilnehmer*innen absolut freiwillig für den WalkAway entscheiden. Jede*r wählt selbst, ob er*sie sich der Herausforderung, 24 Stunden allein, fastend und ohne Handy in der Natur zu verbringen, stellen möchte. Erfahrungsgemäß nimmt ein Drittel unserer Konfirmand*innen am WalkAway teil. Da das Projekt bisher in der letzten Woche (5 Tage) vor den Ferien stattfand, erhielten die Schüler*innen dafür eine Freistellung von ihren Schulen. Viele Lehrer*innen und Direktor*innen in der Region kennen das Konzept, weil wir es in den zurückliegenden Jahren in den Schulen vorgestellt haben. Darum gab es bisher keine Probleme bei der Beantragung einer Freistellung.

3 Vorbereitung

Voraussetzung für alle Formate naturspiritueller Arbeit ist das Finden und Erschließen eines geeigneten Gebietes. Dabei sollte es sich nicht um stark frequentierte Naherholungsgebiete handeln. Geeignet sind abwechslungsreiche Waldregionen. Die Größe sollte zwischen 400 und 1000 ha liegen. Neben der Einholung des Einverständnisses der Waldbesitzer*innen muss eine Rücksprache mit den Jagdpächter*innen erfolgen, damit in den Tagen des WalkAway nicht gejagt wird. Dazu gehört die Erstellung von Kartenmaterial für die Teilnehmer*innen, in welchem klar erkennbare Grenzen des ausgewählten Gebietes eingezeichnet sind. Für die Phase der Vor- und Nachbereitung der Solozeit werden Übernachtungsmöglichkeiten, ein Seminarraum mit Sitzkissen auf dem Fußboden, Sanitär-, Küchen- und Essräumlichkeiten benötigt. Die Teilnehmer*innen übernachten in mitgebrachten Zelten im Pfarrgarten. Wichtig ist die

Erstellung eines Verpflegungskonzepts. Wer bereitet wann welche Mahlzeiten außerhalb der Solozeit vor. Dies alles fließt in die Kostenkalkulation ein. Aufgrund eines Zuschusses durch das Landratsamt kamen wir bisher mit 70–90 € Beitrag pro Person aus. Es ist uns wichtig, keine finanziellen Schranken zum WalkAway zu errichten.

Ein halbes Jahr vor dem WalkAway werden Werbeflyer erstellt und an Kirchgemeinden und Schulen der Region versandt. Wenn naturspirituelle Formate noch unbekannt sind, ist es sinnvoll, Informationsveranstaltungen für Kirchgemeinden, Schulen, Eltern und Jugendliche anzubieten.

4 Konkretes

Neben dem Kartenmaterial, Pfeilen und bunter Wolle zur Gestaltung eines Erinnerungsankers am Ende des Projekts, welche wir besorgen, haben wir eine Checkliste erstellt, die wir den Teilnehmer*innen vor dem Projekt gemeinsam mit einem Teilnehmerbrief zusenden:

Checkliste für deine Ausrüstung

1 großer Wanderrucksack (ab 50 l Inhalt); 1 kleiner Tagesrucksack; 1 Zelt; 2 Baumarktplanen (2 × 3 m, 3 × 3 m mit Ring-Ösen als Unterlage bzw. Regenschutz); 30 m feste Schnur (Nylonschnur 3–5 mm); warmer Schlafsack; Isomatte; Moskitonetz (wer möchte); 2 große Plastiksäcke (als Regenschutz, Gepäck, für Müll); Fahrrad (für Waldwege geeignet, Fahrradschloss); feste, bequeme Wanderschuhe; Regenbekleidung; warme Kleidung (warmer Pullover, Wollsocken, evtl. Mütze, Trainingshose oder lange Unterwäsche); leichte Sommerbekleidung (auch mit langen Ärmeln als Mücken- und Sonnenschutz); Badesachen; Sonnenhut; Toilettenartikel (Seife, Shampoo, Pflaster, Toilettenpapier); Sonnencreme, Insektenschutz; Handtücher; Taschenmesser; Taschenlampe, Ersatzbatterien; Tagebuch, Schreibzeug; Armband- bzw. Taschenuhr; Traubenzucker (Energie für den Notfall); Trillerpfeife; Musikinstrument, Kompass (wer möchte). Absolut unerwünscht sind Alkohol und andere Drogen. Wer regelmäßig verordnete Medikamente einnehmen muss, informiert die Leitung bitte davon.

5 Kompetenzen, Leitung, Personal

Wer Jugendliche in ein »24-Stunden-Solo« in die Wildnis schicken möchte, sollte vorher selbst entsprechende Erfahrungen gesammelt haben, um Menschen bei dieser Herausforderung angemessen begleiten zu können. Eine gute Vorbereitung bieten die Weiterbildungen zur »Ritualbegleitung für Jugendliche«, welche z. B. über das Bayerische Landesjugendpfarramt angeboten werden. Ebenso bieten meine Frau und ich seit 2015 Fortbildungen zur »naturspirituellen Arbeit mit Jugendlichen« im Evangelischen Zentrum Kohren-Sahlis an. Neben den Natur-, Verhaltens- und Sicherheitsaspekten üben sich die Teilnehmer*innen im Zuhören und Spiegeln der Geschichten derer, die aus der Naturbegegnung zurückkommen. Eine wesentliche Grundlage dafür bietet das Konzept des Medizinrades, das auch in der »School of lost borders« nach Foster/Little (2006; 2002) Verwendung findet.

Nach unserer Erfahrung hat es sich für die Arbeit mit den Gruppen als elementar erwiesen, dass zwei Leiter*innen (wenn möglich Frau und Mann) zur Verfügung stehen. Hilfreich sind Assistent*innen, die bei technischen Dingen und der Essensversorgung unterstützen. Vielleicht lassen sich auch naturspirituell interessierte Gemeindeglieder finden, die partiell zur Verfügung stehen. Detaillierte Luftaufnahmen unseres WalkAway-Gebietes erhielten wir durch den Jagdpächter, bei dem wir mit unseren Anfragen auf offene Ohren trafen.

6 To-do-Liste

1. Vor dem Projekt eigene naturspirituelle Erfahrungen sammeln, evtl. eine Weiterbildung besuchen.
2. Ein Jahr vor dem Projekt einen geeigneten Platz finden und kennenlernen; klären: Kontakt mit Waldbesitzer*innen und Jagdpächter*innen; Unterbringung, Seminarraum, Küche, sanitäre Anlagen, Assistent*innen, Kostenkalkulation, Informationsveranstaltungen für Zielgruppen in Schulen und Gemeinden, Erstellung von Flyern und Werbematerial, Internetseite.
3. Januar: erneute Werbung, Verteilung der Flyer mit Anmeldebogen mit Unterschrift der Eltern.

4. März: Rücksprache mit Waldbesitzer*innen und Jagdpächter*innen, Erstellung eines konkreten Ablaufplanes mit Küchenplan.
5. Mai: Infobrief mit Checkliste an die TN, evtl. Vorbereitungstreffen auch mit Eltern, Erkunden des Gebiets mit erstellter Karte und eingezeichneter Begrenzungen, Suche eines Basisplatzes, Reserveplanen, Stricke, Reparaturmaterialien, Notfallbeutel mit Verbandsmaterial, Zeckenzange, Sonnencreme.
6. Juni/Juli: Einkäufe, 3 Liter stilles Wasser pro TN für Solozeit, Durchführung des Projekts nach Ablaufkonzept.

7 Durchführung

Regeln für Naturbegegnung in der Vorbereitungsphase und während der Solozeit:
- Handy aus bzw. abgeben,
- kleiner Rucksack, kein Essen, nur Wasserflasche wird mitgenommen,
- jede*r TN geht über eine selbstgelegte Schwelle (z. B. ein Ast) in die Natur,
- jede*r geht allein,
- gestartet wird nacheinander, im Wald sind wir für einander »unsichtbar«,
- jede*r geht ohne konkretes Ziel und konkrete Erwartung,
- markierte Grenzen des Gebietes werden beachtet, eine Uhr mitnehmen, um zur vereinbarten Uhrzeit zurück zu sein.

8 Stolpersteine, auftretende Probleme

Grundsatz unserer Arbeit ist eine wertschätzende, unterstützende Haltung gegenüber den jugendlichen Teilnehmer*innen. Wir nehmen sie ernst in ihren Geschichten, Ängsten und Hoffnungen und unterstützen sie, ihre Ressourcen zu erkennen und zu nutzen. Es ist für uns kein Scheitern, wenn ein*e Teilnehmer*in früher aus der Solozeit zurückkehrt. Er*sie ist an die eigene Grenze gelangt und hat die damit verbundenen Erfahrungen gemacht. Das wird von uns auch so kommuniziert. Dennoch ist das Spannungsverhältnis zwischen Reglementierung und Selbstbestimmung bzw. Selbstverantwortung eine Herausforderung und Gratwanderung: Bis vor einigen Jahren z. B. war die Abgabe der Handys ein freiwilliger Akt, bis uns Eltern dazu drängten, die Handys unbedingt einzusammeln. Mittlerweile gibt es Teilnehmer*innen, die Zweithandys dabei haben. Das betrifft auch das heimliche Mitnehmen von Essen und das gelegentliche Vereinbaren von Treffpunkten im Wald während der Solozeit. Es gibt Gruppendynamiken, welche die noch so guten Vorsätze der Einzelnen auf eine harte Probe stellen. Wenn wir das mitbekommen, weisen wir freundlich und bestimmt auf die vereinbarten Regeln für die Solozeit hin. Taschenkontrollen lehnen wir ab. Wir vermitteln den TN, dass sie sich letztlich nur selbst betrügen können. Sie bringen sich um wichtige Erfahrungen, die in der Konfrontation mit sich selbst, den eigenen Themen, der Natur und der Stille liegen und die sie nicht zuletzt die Angst vor Langeweile als kreative Ressource erfahren lässt. Es gab TN, die sich im darauffolgenden Jahr nochmals für einen WalkAway anmeldeten, weil sie die beim ersten Mal vergebene Chance bereuten. Auch haben wir die Erfahrung gemacht, dass es für manche TN besser gewesen wäre, noch ein bis zwei Jahre zu warten, um dann bewusster an die Herausforderung heranzugehen.

9 Pädagogisches Potenzial und Gesamtbewertung

Durch das WalkAway-Projekt werden die Jugendlichen auf ihren individuellen Lernwegen bei der Entdeckung der eigenen Potenziale begleitet und unterstützt. Sie werden darin gestärkt, blockierende Ängste anzuschauen und zu überwinden, Selbstvertrauen zu stärken und die Entwicklung eines positiven eigenen Ich-Konzepts zu unterstützen. Der individuelle Lernprozess fußt dabei auf einem ausbalancierten Wechsel zwischen naturbezogener Selbsterfahrung und reflexiver Gruppenarbeit: Was kommt nach dem Kindsein? Wer bin ich als erwachsene Person? Wie setze ich meine eigenen Talente ein? Wo ist mein Platz in der Familie, im Freundeskreis, in der Gesellschaft? Wie gehe ich mit meinen Ängsten, Problemen, Wünschen und Sehnsüchten um? An was glaube ich? Worauf kann ich vertrauen? Was prägt meine Beziehung zu Gott? Für all diese Fragen ist Raum im Gegenüber der Natur, in der Gruppe, in Einzelgesprächen. Zugleich ermöglicht das WalkAway-Projekt kontrollierte Grenzerfahrungen für Jugendliche in der Natur. Ihre Fähigkeiten zur Selbst- und Naturwahrnehmung werden gestärkt. Sie erleben sich als Teil der Natur, als Teil der Schöpfung, die ihnen Lebensraum gibt und mit der sie essenziell verbunden sind. Das WalkAway-Konzept hat auch eine ökologisch-spirituelle Dimension.

10 Zusammenfassung: WalkAway-Projekt in Stichpunkten

Welche Elemente kennzeichnen das Ritual?
24 Stunden allein und fastend in der Natur, kontrolliertes Erfahren eigener Grenzen. Es gibt kein Scheitern. Begleitung und Spiegeln erfolgt in Haltung des Nicht-Bewertens und Unterstützens. Das Ritual knüpft an frühere Übergangsriten an (Konzept der »School of lost borders«, vgl. Foster/Little 2006).

Welche Motive/Absichten stehen dahinter?
Selbsterfahrung, Natur als Spiegel für inneres Erleben, Auseinandersetzung mit eigenen Ängsten und Ressourcen, »Heldenreise« (nach Joseph Campbell), sich als Teil der Schöpfung erfahren, konkrete Absichten für nächste Schritte im Alltag formulieren. Tiefe Verbindung zu den Elementen/der Natur ist möglich. Für Jugendliche, die kaum Verbindung zur Natur haben, ist dies eine wichtige Erfahrung, die Natur als Lehrerin zu verstehen. Übergangsriten rufen zurück in den Rhythmus durch die Verbindung zur Natur.

Welche Prozessschritte kennzeichnen den Weg zum Ritual?
Einführung in die Naturbegegnung, Bewusstwerdung der eigenen Themen und Absichten, Vorbereitung der Solozeit, Schwellenritual zum Hinausschicken in die Solozeit/Heldenreise, Ritual zum Zurückkommen aus der Solozeit, Geschichten erzählen und spiegeln, Integration in den Alltag, konkrete nächste Schritte, Anker gestalten, Integration in den Alltag. Die abschließende Integration ermöglicht,

den Wachstumsschritt selbst anzuerkennen und zu würdigen und stolz auf sich zu sein.

Evangelisches Profil und christliche Inhalte

Heldenreise als biblisches Motiv von Abraham über Mose und den Auszug des Volkes Israel, den Propheten bis zu Jesus, Visionssuchen zur Wahrnehmung des göttlichen Auftrages: Offenbarung am Dornbusch, 40 Tage in der Wüste, als Bestätigung des eigenen Weges, Gotteserfahrung in der Natur, mein Ich als Teil der Schöpfung erfahren, Vertrauen lernen. Die Verbindung zu Spirit/Gott wird durch Gebet, Fasten, Suche ermöglicht.

Einschätzung von Chancen und Risiken

Unterstützung von Selbstverantwortung, Herausbildung eigener spiritueller Kompetenz, kraftvolle Initiation in eine neue Lebensphase, Finden und Bestätigen des eigenen Lebenskonzepts, im »Wohnzimmer« der Tiere sein, Begegnung mit wilden Tieren, Unwetter, Nacht, Ängsten, Langeweile, zugleich Entwicklungschancen. Das Projekt ermöglicht Reifung und inneres Wachstum. In dieser Altersgruppe spielen körperliche Veränderungen eine große Rolle, insofern ist es gut, TN auch physisch zu fordern.

11 Übertragungsmöglichkeiten

Die Arbeit ist prozessorientiert. Darum entwickeln wir unsere naturspirituellen Formate entsprechend unseren Erfahrungen weiter. Unser kleinstes Modul bilden die »Naturbegegnungen«, die auch unabhängig vom WalkAway-Konzept genutzt werden können, indem Jugendliche mit einem kleinen Wahrnehmungsauftrag für ein bis zwei Stunden in die Natur geschickt werden. Grundlegend ist auch dafür die Einhaltung der Regeln.

Literatur

Foster, S./Little, M. (2006): Die Vier Schilde. Initiationen durch die Jahreszeiten der menschlichen Natur (4. Aufl.). Uhlstädt-Kirchhasel.

Foster, S./Little, M. (2002): Visionssuche: Das Raunen des heiligen Flusses. Sinnsuche und Selbstheilung in der Wildnis (4. Aufl.). Uhlstädt-Kirchhasel.

13 Mit Konfirmand*innen im Knast – eine Exkursion wird geboren

Claas Ehrhardt

1 Die Ausgangssituation

P. ist in seinem früheren Leben Rechtsanwalt gewesen. Bis er auf die Idee kam, mehr Geld zu verdienen, indem er das Recht drehte und wendete. Eine Weile ging die Sache gut, bis andere ihm auf die Schliche kamen. Und P. in den Knast. Statt teurer Anzüge trug er nun blaue Anstaltskleidung. Im Blaumann tauchte P. in meiner damaligen Gemeinde auf. Als Freigänger der benachbarten Justizvollzugsanstalt (JVA). Er kam, um »gemeinnützige Arbeit« zu leisten und so wenigstens ein paar Stunden pro Tag »rauszukommen«. So kam in Gestalt von P. und manch anderem Insassen der Knast in die Gemeinde. Sie machten sauber, packten mit an, kümmerten sich um die Grünflächen. Gelegentlich tauchte der eine oder andere sogar am Sonntag im Gottesdienst auf. Besonders regelmäßig kam P. Er nahm am Glaubenskurs teil, bereitete den nächsten mit vor und wurde sukzessive Teil unserer Gemeinde.

Umgekehrt fand die Gemeinde auch den Weg in den Knast. Gemeindeglieder übernahmen in der JVA Verantwortung. Im Anstaltsbeirat, im Beratungs- und Besuchsdienst, in der ehrenamtlichen Seelsorge füllen sie ganz praktisch das Wort Jesu aus Mt 25,36: »Ich bin im Gefängnis gewesen und ihr habt mich besucht«. Damit wuchs zugleich das Bewusstsein, dass Kirche auch im Gefängnis ist, dass auch die JVA ein Teil der Gemeinde ist, nicht zuletzt in Gestalt der Inhaftierten. Auch ein ehemaliger Konfirmand von mir verbüßte dort eine Haftstrafe, was mir seinerzeit häufiger durch den Kopf ging. Vielleicht war er sogar der Auslöser für die Unternehmung, um deren Beschreibung es hier geht: Die Erkenntnis, dass es jeden von uns »erwischen« kann, sofern wir von Recht und Gesetz abweichen. Allem Wissen um die Gebote und die Goldene Regel Jesu zum Trotz, die wir doch ausführlich im KU behandelt hatten.

2 Die Idee

Die konkrete Idee, im Zusammenhang mit den Zehn Geboten eine Exkursion in den »Knast« zu unternehmen, verdankte sich allerdings Gesprächen mit den Konfis selbst. Im Rahmen der auf sieben Stunden (à 90 Minuten) angelegten Unterrichtseinheit kamen wir auf die Frage, ob und wie Verstöße gegen Gebote/Gesetze sanktioniert werden (müssen) und inwiefern wir solche »Strafen« als »sinnvoll« oder gar »gerecht« erachten. Dabei landeten wir beim Thema »Strafvollzug und Resozialisierung«, das lebhaft und kontrovers diskutiert wurde. Die Tatsache, dass es im Umfeld der Gemeinde einige Jahre zuvor einen aufsehenerregenden Mord gegeben hatte, verübt durch einen Jugendlichen aus der direkten Nachbarschaft, spielte eine zusätzliche Rolle. Genau wie das Gefühl, dass »so etwas« mit der eigenen Realität trotzdem nichts zu tun habe. Mein Hinweis, dass auch Christ*innen trotz des »moralischen Kompasses«, den ihnen ihr Glaube doch vermitteln müsste, in unseren Gefängnissen Straftaten verbüßen, weckte die Neugier der Konfis. Diese wurde noch verstärkt, nachdem sie erfuhren, dass ich durch die Zusammenarbeit mit der JVA regelmäßigen Kontakt mit solchen Menschen habe. »Wie kann das überhaupt passieren, dass man als Christ*in eine Straftat begeht?«, »Wie geht man mit der eigenen Schuld um?«, »Hilft der Glaube, die Zeit im Gefängnis besser zu überstehen?«, »Schämen Sie sich vor Gott für Ihre Tat?« waren Fragen, die die Konfis gern einer*einem Strafgefangenen stellen würden, wenn sie die Gelegenheit dazu hätten. »Was haltet ihr davon, wenn ihr diese Fragen direkt den Menschen stellen könntet, die ihr da vor Augen habt?« Damit war die Idee geboren.

3 Die Umsetzung

Die Eltern und Konfis unserer Gemeinde sind es gewohnt, dass es neben den wöchentlichen Treffen themenbezogene Exkursionen gibt. Als Erstes galt es, Kontakt mit der JVA aufzunehmen, um herauszufinden, ob ein Besuch mit Konfirmand*innen möglich ist. Hier half der kurze Draht zu den Gemeindegliedern im Anstaltsbeirat, der die Anstaltsleitung kontaktierte. (Falls ein Kontakt nicht vorhanden ist, würde ich ihn über die Gefängnisseelsorge der Landeskirche suchen.

In der Regel gibt es einen Konvent der Pfarrer*innen im Strafvollzug, in dem entsprechende Unterstützung zu finden ist.) Die Reaktion aus der JVA auf unsere Anfrage war positiv: Gern würde man uns eine Führung ermöglichen und sich darum kümmern, dass einige Inhaftierte für ein Gespräch mit den Jugendlichen zur Verfügung stünden. Nun galt es, die für einen solchen Besuch notwendigen Auflagen zu erfüllen:
1. die schriftliche Einverständniserklärung der Eltern,
2. das rechtzeitige Einreichen der Personalia aller Beteiligten (Name, Adresse, Geburtsdatum),
3. das Mitführen eines Personaldokumentes der Teilnehmenden beim Besuch selbst und
4. das strikte Befolgen aller Anweisungen des JVA-Personals.

Um mit den Eltern Anliegen und Auflagen zu kommunizieren, haben wir einen Informationsbrief verschickt und zu einem Elternabend eingeladen. Eine für viele Eltern entscheidende Frage war, für welche Straftaten die Inhaftierten einsaßen, denen ihre Kinder begegnen würden. Wichtig ist es, darüber auskunftsfähig zu sein und durch Absprachen mit den Verantwortlichen der JVA vorab zu klären, wer dort zu einer solchen Begegnung zugelassen wird. Genauso wichtig war es, auf die Freiwilligkeit der Teilnahme an dem Besuch hinzuweisen.

Im Vorfeld erhielt ich Unterstützung von zwei ehemaligen Gefängnispfarrern, die als Emeriti zu unserem Pfarrkonvent gehören. Sie halfen mir, eine Ahnung zu gewinnen, wie der Mikrokosmos Gefängnis funktioniert und wie wichtig es ist, bei den Konfis um einen wertschätzenden und »normalen« Umgang mit den inhaftierten Gesprächspartner*innen zu werben. Hilfreich war auch ein Buch mit Texten jugendlicher Strafgefangener, die Pfarrer Eckart Wragge unter dem Titel »In Deutschland freut sich niemand, dass du lebst: Inhaftierte zu Glauben, Liebe und Hoffnung« (2014) veröffentlich hat. Vor und nach der Exkursion haben wir im KU daraus gelesen und versucht, den Personen hinter den Texten nachzuspüren.

Die KU-Stunde vor dem Besuch hatte den Schwerpunkt »Regeln und Sanktionen – Perspektive von Opfern und Tätern«. Anhand der zweiten Tafel der Gebote sollten die Konfis konkrete Alltagsszenen entwickeln und dabei versuchen, die jeweiligen Perspektiven auszuleuchten, quasi als praktischer Selbstversuch mit der »Goldenen Regel«.

Am Besuch selbst nahmen tatsächlich alle Jugendlichen teil. Nach dem Verschließen persönlicher Gegenstände (z. B. Handys) in dafür vorgesehenen Schließfächern, der Begrüßung durch den Anstaltsleiter, der den Konfis »gekonnt« entsprechende Benimm-Regeln für diesen sensiblen Bereich mit auf den Weg gab, einer Führung durch Teile der Anstalt und einer Einführung in das Konzept des offenen Strafvollzuges und den Haftalltag durch einen Bediensteten der JVA gab es eine moderierte Gesprächsrunde mit Inhaftierten, die sich freiwillig zur Teilnahme gemeldet hatten. Für das Zustandekommen dieser Runde war es spürbar von Vorteil, dass durch regelmäßige »Anwesenheit von Kirche« in Gestalt des oben genannten Beratungs- und Besuchsdienstes Offenheit und Vertrauen für unser Anliegen vorhanden waren.

Es war eindrücklich, zu erleben, wie auf beiden Seiten die Zurückhaltung wich und ein lebendiges Gespräch zwischen Konfis und Inhaftierten entstand. Die Konfis konnten ihre Fragen stellen. Umgekehrt wurden sie von den Inhaftierten befragt: Beeindruckend war die Offenheit, mit der einige der inhaftierten Gesprächspartner schilderten, wie sie in den Strudel hineingeraten sind, als dessen Konsequenz sie nun ihre Haftstrafe verbüßten.

Im Anschluss an den Besuch, der zwei Stunden dauerte, haben wir mit den Jugendlichen in der benachbarten Gemeinde zu Mittag gegessen und über unsere Eindrücke gesprochen. Es wurde deutlich, wie groß der Gesprächsbedarf unmittelbar nach dem Besuch ist. Das muss in der Planung berücksichtigt werden.

Übrigens: P. hat nach Verbüßung seiner Haftstrafe eine Haus- und Kirchwartsstelle in einer Gemeinde angenommen und begleitete darin zahlreiche Freigänger.

Literatur

Wragge, E. (2014): In Deutschland freut sich niemand, dass du lebst: Inhaftierte zu Glauben, Liebe und Hoffnung. Berlin.

14 »Jesus is King and Lord of all« – Exkursion mit und zu Christusbildern

Judith Kierschke und Thomas Schüßler

1 Auf einen Blick

Wie kann man den Konfis Jesus Christus erlebnispädagogisch und spannend vermitteln? Wir wollten einen Knaller und dem Thema entsprechend etwas Besonderes, das noch lange nach der Konfi-Zeit im Gedächtnis bleibt. Jesus Christus muss ein Thema in der KA sein, das sich von den anderen Themen absetzt!

Die Christus-König-Statue in Polen (Swiebodzin, ca. 2 ½ Stunden von Berlin entfernt) ist etwas Besonderes: Sie ist die größte Christusstatue der Welt. Christus wird hier als mächtiger König abgebildet – die evangelische Kirche profiliert eher andere Christusbilder.

Die Erarbeitung des Themas ist als Ausflug geplant. Der Konfi-Tag soll dazu beitragen, Jesus Christus in vielen Bildern kennenzulernen, um in der Gesamtheit aller Bilder »Gottes Sohn« zu erkennen. Die riesige Christusstatue bleibt im Gedächtnis. Das Bild Christi als herrschender König ist bei Konfis eher unbekannt. Sie auskunftsfähig zu machen über die wichtigste Person im christlichen Glauben, ist Dreh- und Angelpunkt der KA, und dazu trägt dieser Konfi-Tag bei.

2 So läuft's – Kurzfassung

Andacht in der Kirche daheim: Lied, unterschiedliche Jesusbilder liegen in der Mitte, Impuls mit Bildbetrachtung und Joh 13,1–7 (Fußwaschung), Lied, Gebet und Reisesegen.

Erarbeitung 1 während der Fahrt in den PKW: Jedes Fahrzeug bekommt ein Arbeitsblatt (Bibeltexte, Bilder und Impulse zu je einem Jesusbild).

Erarbeitung 2 in Polen an der Christus-König-Statue Swiebodzin: »Energizer« durch Teamer*innen, in Kleingruppen Erkundung der Statue mit Erschließungsimpulsen, Auswertung der Erkundung und der Erarbeitungen der Hinfahrt.

Besichtigung der Katholischen Kirche »Divine Mercy«: vergleichende Gespräche zu evangelisch – katholisch, Religion bzw. Frömmigkeit in Polen und Deutschland.

Picknick unterwegs: offene Fragen zu Thema und Land klären.

Reflexion auf dem Rückweg in den PKW: Trainieren der Auskunftsfähigkeit, Gespräch mit der Leitfrage: »Was würde es bedeuten, wenn Jesus König von Deutschland wäre?«

3 So läuft's – Langfassung

Einstieg

Der Konfi-Tag beginnt in der Kirche daheim mit einer Andacht. Wir stehen im Kreis im Altarraum. Auf dem Boden sind Blätter mit Jesusdarstellungen ausgelegt (Jesus als Heiler, Lehrer, Gekreuzigter, Auferstandener, Hirte …). Nach der Begrüßung und dem Lied »Wir sind hier zusammen in Jesu Namen« (Singt Jubilate 37) beschreiben die Konfis, was sie auf den Bildern sehen, und stellen die Verbindung zum Thema des Tages her: Jesus Christus, der uns in verschiedenen Bildern in der Bibel überliefert wird. Nach dem Austausch liest ein*e Teamer*in Joh 13,1–7 vor. Dieser Text, in dem Jesus in der Rolle eines Dieners dargestellt wird, ist ein bewusst gewähltes Gegenüber zur Rolle Jesu als König, die dann am Reiseziel vorherrscht.

Pfarrer*in oder Teamer*in leitet nun vom Bibeltext und der Rolle Jesu zum Ausflug zur Christus-König-Statue über. Organisatorisches wird geklärt und die Autogruppen bekommen ihre Arbeitsblätter, die sie während der Fahrt bearbeiten. Zum Abschluss der Andacht wird »Sing Hallelujah to the Lord« (z. B. Das Kindergesangbuch 64; Singt Halleluja unserem Herrn) gesungen und ein Reisesegen gesprochen.

Erarbeitung 1 (Hinfahrt)

Im Zentrum steht die Bearbeitung der Arbeitsblätter. Inhaltlich bieten sich hier vier Jesusbilder an: Jesus als Heiler, König, guter Hirte und Lehrer. Auf den Blättern sind zur Visualisierung je ein Bild aus der christlichen Kunst, dazu Bibeltexte, Impulse und ein informativer Text. Während der Fahrt beschäftigen sich die PKW-Gruppen

damit. Pro Auto fährt ein*e Teamer*in mit, leitet das Gespräch und achtet darauf, dass die Gruppe sich auf eine Person einigt, die später den anderen über das erarbeitete Jesusbild Auskunft geben kann.
- Arbeitsblatt 1: Jesus als Lehrer
  Matthäus 5,1.2; Matthäus 7,12–16; Johannes 1,38
- Arbeitsblatt 2: Jesus als Heiler
  Matthäus 20,29–34
- Arbeitsblatt 3: Jesus als König
  Matthäus 28,18–20; Lukas 23,1–3
- Arbeitsblatt 4: Jesus als guter Hirte
  Johannes 10,11–15; Lukas 15,4–6

Erarbeitung 2 (an der Statue)

An der Statue gibt es kostenlose Parkplätze; der Besuch kostet keinen Eintritt; WC und ein Andenkenladen sind vorhanden. Es gibt eine Kreuzwegstation an der Statue und eine gute Übersicht über das ganze Gelände.

Nach der Autofahrt empfiehlt es sich, einen »Energizer« (ein Bewegungsspiel) durchzuführen. Erfahrungsgemäß können das die Teamer*innen gut anleiten.

Vor Ort bekommen die Konfis ein Arbeitsblatt mit Impulsen, sich den Ort, die Statue und ihre Geschichte zu erschließen (s. Abschnitt 4). Das bearbeiten sie in Kleingruppen (2–3 Personen). Da die Beschreibungen an der Statue auf Polnisch sind, sind die Jugendlichen auch auf Hilfe angewiesen (von Teamer*innen, Tourist*innen, ihrem Handy …). Anschließend werden das Erkundete und die Jesusbilder der PKW-Gruppen im Plenum ausgewertet.

Besichtigung der Kirche »Divine Mercy«

Fußläufig (10 Min.) von der Statue entfernt ist die römisch-katholische Kirche von Swiebodzin »Divine Mercy«. Ein Besuch ist sehr zu empfehlen. Es ist eine moderne, besonders prunkvoll ausgestattete Kirche. In ihr findet sich viel Anschauungsmaterial, was eine katholische von einer evangelischen Kirche unterscheidet: ein Marienaltar, ein ewiges Licht, ein Beichtstuhl etc. All das lädt zu Entdeckung und Gespräch ein. Am Eingang stehen die Gottesdienstzeiten. Unsere Jugendlichen haben mit Erstaunen festgestellt, dass hier jeden Sonntag drei (!) Gottesdienste angeboten werden. Gemeinsamkeiten und Unterschiede werden hier besonders anschaulich und lebhaft diskutiert.

Picknick

Für diesen Konfi-Tag sollten die Jugendlichen Essen mitbringen. Während des Picknicks ist Zeit, auf den Tag zurückzuschauen und Fragen der Jugendlichen zu klären. Mögliche Impulse: »Was war neu für euch? Was hat euch erstaunt? Habt ihr Bilder von Jesus gesehen, die ihr noch nicht kanntet?«

Reflexion (Rückfahrt)

Auch in den PKW-Gruppen während der Rückfahrt wird durch die Teamer*innen dazu angeregt, über das Erlebte zu sprechen. Eine Frage dabei ist: »Was wäre, wenn Jesus heute König von Deutschland wäre?« Es gibt dabei kein Richtig oder Falsch. Die Jugendlichen können ihre Ideen äußern, den eigenen und andere Standpunkte reflektieren.

4 Informationen zur Christus-König-Statue

Erschließungsimpulse zur Christus-König-Statue in Swiebodzin/Polen (hier mit Antworten)

a) *Wann wurde die Statue gebaut, von wem und wieso?*
   Ideengeber und Initiator war Pater Sylwester Zawadski. Er hatte um die Jahrtausendwende einen »inneren Ruf« gehört (Jesus hat zu ihm gesprochen), in Polen eine solche Christus-König-Statue zu bauen. Symbolisch soll sie die Anerkennung Christi als König darstellen – über Polen und über die Welt. Entworfen hat sie der polnische Bildhauer Mirosław Kazimierz Patecki. Die Statue wurde am 6.11.2010 fertig gestellt und am 21.11.2010 vom Bischof von Zielona Góra-Gorzów, während einer Heiligen Messe eingeweiht.

b) *Wie hoch ist die Statue? Hat die Höhe eine Bedeutung?*
   Die Statue ist 33 Meter hoch und symbolisiert die 33 Lebensjahre Jesu. Auf dem 15 Tonnen schweren und 4,5 Meter großen Kopf befindet sich eine 3 Meter hohe vergoldete Krone. Sie weist auf

die drei Jahre seines öffentlichen Auftretens hin. Die Statue blickt nach Westen, und der künstlich angelegte Hügel wird von fünf Ringen umgeben, die die erlösende Rolle Christi auf den fünf Kontinenten symbolisieren.

c) *Was fällt euch um dieses Bauwerk herum auf?*
Zu Füßen der Statue gibt es einen Kreuzweg. Auf der Rückseite innerhalb des Hügels unter der Statue ist eine Gedenktafel. Dort ist das Herz des Pfarrers begraben. Prälat Sylwester Zawadzki hatte verfügt, dass sein Herz zu Füßen der Statue bestattet werden solle. Er betrachtete das Monument als sein größtes Werk. Diesen Wunsch erfüllte ihm sein Nachfolger, nachdem Zawadzki im Frühjahr 2014 verstorben war. Das Herz wurde mit Pfarrer Zygmunt Zimnawodas Segen in einer Schatulle im Fundamenthügel bestattet. Das hatte gravierende Folgen, denn nach polnischem Recht dürfen Bestattungen nur auf Friedhöfen erfolgen. Das Gericht sprach den Pfarrer einer Ordnungswidrigkeit ohne weitere Strafe schuldig. Gegen die beiden Ärzte, die das Herz entnommen hatten, läuft ein Strafverfahren, der Leiter der Klinik verzichtete freiwillig auf seinen Posten.

d) *Welche Jesusbilder fallen euch neben Jesus als König noch ein?*
Hier kommt die Vorarbeit der PKW-Gruppen zur Geltung.

5 Was man noch wissen sollte

Durch die relative Nähe zwischen Storkow und Swiebodzin (135 km, 1½ Auto-Stunden) war die Fahrt kein Problem. Auch von Berlin aus ist ein Tagesausflug gut möglich. Für weiter entfernte Orte bietet sich dieses Ausflugsziel nicht ohne Weiteres an. Hier kann im Zuge einer Konfi-Fahrt nach Berlin oder Storkow (Hirschluch oder CVJM Camp) ein Ausflugstag eingeplant werden.

6 Der tiefere Sinn

Dieser Konfi-Tag war eines der Highlights der Konfi-Zeit. Das veranschaulichen auch die Reaktionen der Konfis selbst. Der Sinn eines solchen Ausfluges ist vielfältig: Die Jugendlichen lernen, dass Jesus Christus in vielen Bildern überliefert wird, und sie werden darüber auskunftsfähig. Jesus Christus als König und Weltenherrscher wird nicht als einzige Antwort verstanden. Sie ergänzt die anderen um ein weiteres, wichtiges Bild. Die Fahrt bietet über das kognitive Verstehen hinaus einen erlebnispädagogischen Zugang. Die religiöse Wahrnehmungs- und Deutungskompetenz wird geschärft, in Bezug auf Jesus Christus und in Bezug auf religiöse Orte. Die Gruppenzusammengehörigkeit wird gestärkt, sowohl unter den Konfis und Teamer*innen als auch zu den Pfarrpersonen. Es ergeben sich persönliche Gespräche. Und wir Pfarrpersonen nehmen die Konfis anders wahr. Andere Fähigkeiten und Eigenschaften werden sichtbar. Soziale Kompetenzen werden gestärkt, Teamfähigkeit wird gefordert, gruppendynamische Prozesse werden intensiviert.

7 Weitergedacht

Wenn der Weg zur Christus-König-Statue zu weit ist, bietet sich ein Konfi-Wochenende in Hirschluch (Evangelische Jugend- und Begegnungsstätte Hirschluch oder CVJM Camp Wolfswinkel – beides in Storkow) zum Thema »Jesusbilder« an.

Selbstverständlich ist dieses Konzept auf regionale Jesusdarstellungen übertragbar (ein Beispiel: Die Skulptur »Gekreuzigter« von Fritz Cremer aus dem Jahr 1983 in Berlin Mitte.) Und im Vergleich mehrerer Orte und Christusdarstellungen kann das Thema theologisch ausgeweitet werden.

Der Ausflug zur Christus-König-Statue in Polen kann als Gemeindeausflug gestaltet werden. Die Statue ist noch neu und vergleichsweise unbekannt.

15 Mit Konfirmand*innen unterwegs – Exkursionen an ungewöhnliche Orte

Helmut Spengler

1 Hostienbäckerei und Weinkelterei

Durch die Nähe zum Diakonissenkrankenhaus in Dresden, das eine Hostienbäckerei besitzt, und zum Weinanbaugebiet rund um Meißen lag es auf der Hand, diese Orte an einem Konfi-Tag zu besuchen und für das Thema »Abendmahl« zu nutzen.

In der Hostienbäckerei lässt sich die Herstellung der Hostien nicht nur beobachten. Unter Berücksichtigung der rechtlichen und hygienischen Bedingungen wurde auf unsere Initiative hin ein Workshop für Konfirmand*innen- und Gemeindegruppen eingerichtet, der nun allen interessierten Gemeinden offensteht. Personal und Material werden von der Hostienbäckerei gestellt. Eine Gruppengröße von ca. sechs Teilnehmenden ist sinnvoll. Es benötigt zwei Stunden, um den Teig vorzubereiten. Leider ist es in einem Workshop allein nicht möglich, sowohl die Hostien zu backen als auch zu trocknen, auszustechen und mitzunehmen. Man muss sich entscheiden zwischen a) Hostien selbst backen (das Trocknen, Ausstechen und Zusenden erfolgt durch die Mitarbeiterinnen der Bäckerei) oder b) die Hostien aus den vorbereiteten und gebackenen Platten ausstechen und verpacken. (Ggf. lässt es sich einrichten, einen Hostienteig zu backen und aus einem anderen, fertigen die Hostien auszustechen und zu verpacken.) Die Besichtigung einer Weinkelterei am selben Tag ist machbar. Hierfür sind weitere drei bis vier Stunden erforderlich.

2 Gerichtsverhandlung

Im Anschluss an eine Einheit zu den Zehn Geboten haben wir einen Strafvollzugsbeamten zum Thema »Sinn und Umsetzung von Strafe« in die Konfi-Gruppe eingeladen und während eines anschließenden

Konfi-Tages eine Gerichtsverhandlung besucht. Für uns kamen das Kreisgericht Görlitz oder das Landgericht in Dresden infrage. Die zuständigen Mitarbeiter*innen sind erfahrungsgemäß offen für Jugendgruppen und empfehlen Verhandlungen, die jugendrelevant sind. Manchmal bieten Richter oder Rechtsanwälte eine Nachbesprechung der Verhandlung an.

Der Besuch eines Justizbeamten muss längerfristig geplant werden, und die Gerichte haben spezielle Tage für geeignete Verhandlungen. Es bedarf ggf. einer Freistellung von der Schule. Die Kosten für solche Exkursionen bewegen sich im Rahmen der Haushaltspläne. Mitunter haben schon Lokalpolitiker bestimmte Fördertöpfe geöffnet.

3 Deutscher Bundestag und Berliner Stadtmission

Durch die ehrenamtliche Arbeit des Pfarrers im Kreistag war eine Kontaktmöglichkeit zu Landes- und Bundespolitikern gegeben. Diese Beziehungen wurden genutzt, um die Arbeit des Deutschen Bundestages (DBT) kennenzulernen. Als Kontrastprogramm bot es sich an, die Arbeit einer Obdachlosenunterkunft in der Berliner Stadtmission zu besuchen.

Für einen Besuch des DBT haben Bundespolitiker Mittel, Gruppen des eigenen Wahlkreises einzuladen. Fahrtkosten, Besuch im Bundestag und Verpflegungskosten werden dann von den Abgeordneten übernommen. Günstig ist es, mit Nachbargemeinden zusammen eine Gruppengröße von 50 Personen zu erreichen. In dieser Kategorie planen die Abgeordneten. Eine Exkursion mit Konfirmand*innen sollte kurz vor der Konfirmation stattfinden, da erst mit vollendetem 14. Lebensjahr die Teilnahme an einer Plenarsitzung möglich ist. Jüngeren Jugendlichen werden nach Absprache Alternativen angeboten. Alternativ zum Bundestag können z. B. auch die Landtage der einzelnen Bundesländer für Exkursionen angefragt werden.

Die Berliner Stadtmission am Hauptbahnhof bot uns eine Führung durch das Gelände, einen Besuch der Obdachlosenunterkunft und ein Gespräch mit den Mitarbeiter*innen an. Die Berliner Stadtmission öffnet gern ihre Räumlichkeiten und stellt die eigene

Arbeit vor. Der Kontakt mit Obdachlosen kann für Jugendliche eine Herausforderung darstellen. Obdachloseneinrichtungen in der eigenen Region sind alternativ anzufragen.

4 Truppenübungsplatz – im Rahmen der FriedensDekade

Aus der Arbeit zum Thema »Gerechtigkeit, Frieden und Bewahrung der Schöpfung« entstand die Idee, die Arbeit der Bundeswehr kennenzulernen. Unser Kirchenkreis wird im Norden von dem Truppenübungsplatz (TÜP) Nochten tangiert. Die Präsenz von Militärangehörigen und Truppenverbänden aus dem In- und Ausland gehören für uns zum gewohnten Bild. Da liegt es nahe, Kontakt aufzunehmen und im Rahmen einer Exkursion den Truppenübungsplatz zu besichtigen. Unbedingt erforderlich ist ein Konfirmand*innen-Elternabend zum Thema und Information zum beabsichtigten Besuch des TÜP. Hierbei sollte bestenfalls ein Militärseelsorger involviert sein. Auf dem TÜP werden Materialien bereitgestellt, und die Jugendlichen werden durch das Personal vor Ort betreut.

Zeitumfang: ein Elternabend, zwei Stunden Vorbereitung, ein halber Exkursionstag, eine Stunde Nachbereitung und Auswertung.

Der Besuch muss längerfristig geplant werden. Es ist wichtig, die Eltern frühzeitig einzubinden, da eine uneingeschränkte Akzeptanz nicht vorausgesetzt werden kann. Auch muss man wissen, dass die Bundeswehr ihre Aufgabenfelder immer werbend präsentiert. Das wiederum wird nicht von allen akzeptiert und bedarf der gründlichen Vor- und Nacharbeit.

16 Alles beginnt mit der Sehnsucht – eine WG auf Zeit und ihre Folgen

Dieter Niermann

1 Momentaufnahme

Von der gegenüberliegenden Straßenseite aus könnte es Passanten verwundern – für die Nachbarn ist der Anblick mittlerweile vertraut: Ich lehne am Zaun und schaue auf das kleine Einfamilienhaus aus den 30er-Jahren, das unsere Kirchengemeinde ein Jahr lang als Konfirmand*innen-WG angemietet hat. Jetzt erblicke ich eine Konfirmandin auf dem Balkon, einen Konfirmanden an der Kellertreppe. Dann tritt jemand vor die Eingangstür, ein Heft in der Hand, setzt sich auf die Eingangstreppe und schreibt etwas auf. Über allem liegt Musik. Die Nachbarn hatten wir »vorgewarnt«, dass heute, am letzten Tag meiner Kleingruppe im WG-Haus, für zwei bis drei Stunden Musik Haus und Garten durchdringen würde. Ruhige Musik, instrumental, mal melancholisch, mal belebend.

Insgesamt dreimal haben diese zehn Jugendlichen das Haus in den vergangenen zwölf Monaten bezogen. Nach vier Wochen endete eine erste Wohnphase. Zwei weitere Gruppen zogen nacheinander ein. Dann kamen sie wieder, diese zehn – jetzt für sieben Wochen gemeinsamer WG-Zeit. Heute endet das letzte und auch kürzeste Kapitel. Vor drei Tagen sind sie zurückgekehrt in das Haus, das ihnen ein zweites Zuhause geworden ist. Jetzt stehen keine Möbel mehr in den Zimmern. Nur Küche und Esszimmer sind noch eingerichtet. Die letzte Wohnphase ist ein Rückblick und ein Abschiednehmen. Mit Schlafsack und Isomatte wird provisorisch dort übernachtet, wo viele Monate lang das Projekt »Konfus-WG« stattfand. Und am kommenden Sonntag feiern alle drei Wohngruppen gemeinsam Konfirmation.

Jetzt nehmen sich die Jugendlichen Zeit und durchstreifen einzeln die vielen Zimmer, Kammern, Kellerräume und sonstigen Orte im Haus. Gedacht ist das Ganze als einstündige Aktion – mittlerweile sind aber schon fast 2½ Stunden um! Zwei Jugendliche haben ihren Rundgang beendet, die anderen sind noch unterwegs. Ein Abschied nach Bedarf – für uns Betreuer*innen ein bewegender Moment. Im Notizheft für die Aktion finden sich zu jedem Raum kurze Denkimpulse. Sie gehen vom Raum aus (Heizungskeller, Arbeitszimmer, Wohnraum …) oder der Situation (»Du stehst im Flur«, »Du klopfst an«, »Du machst deine Zimmertür hinter dir zu« …) und führen zur Auseinandersetzung mit eigenen Gefühlen, Gedanken und dem Leben: Was möchte ich möglichst weit hinten im Abstellraum einlagern? Kann ich Dinge nennen, die mir Lebensenergie schenken oder Menschen? Über das Waschen »schmutziger Wäsche« kommen wir zum »reinen Tisch machen« und vergewissern uns an der letzten Station: Ist es möglich, dass Gott bei mir wohnt, in mein Leben einzieht? Wünsche ich mir das? Möchte Gott das wirklich? In der Konfirmation wird es zugesagt: »Ja, Gott möchte in deinem Leben Wohnung nehmen, hat es längst getan.«

2 Rückblick als Rückblick

Die Idee

Im Miteinander der Menschen bewährt und bewahrt sich der Glaube jedes*r Einzelnen. Im Miteinander gewinnt die Beziehung Gottes zu uns eine wahrnehmbare Gestalt. Im Alltag der Jugendlichen, die zu uns in die KA kommen, finden sich immer weniger christliche Elemente. Immer seltener kommen Gespräche über Fragen des Glaubens im Miteinander der Familien vor. Immer weniger christliche Rituale werden gepflegt (Tischgebet, Abendgebet, gemeinsamer Gottesdienstbesuch, Bibellese etc.). Mit Beginn der KA-Zeit tragen wir Unterrichtenden dann all das wie eine Fremdsprache an die Jugendlichen heran. Uns ging es darum, den Jugendlichen intensive und ausführliche gemeinsame Wohnphasen zu ermöglichen, um mit ihnen aus dem Alltag heraus KA-Themen anzugehen, christlichen Glauben dort zu leben, wo er seinen Ursprung nahm: im Alltag und Zuhause der Menschen.

Die Umsetzung

Im Sommer begannen wir, den Familien, deren Kinder im kommenden KA-Jahrgang sein würden, die Idee vorzustellen, die Konfirmandenzeit in Form eines Zusammenlebens in einer WG anzubieten. Vorab hatte sich der Kreis der begleitenden Ehrenamtlichen intensiv damit auseinandergesetzt. Zudem musste über ein Jahr die Nutzung einer angemieteten Immobilie sichergestellt und die Betreuung der sich vor Ort abwechselnden KA-Gruppen verlässlich organisiert werden. Mit dem Okay und großer Begeisterung der Ehrenamtlichen im Gepäck wanderte die Idee in die Runde der Hauptamtlichen und in den Kirchenvorstand, wurde präzisiert, in den Rahmenbedingungen erweitert und letztlich dem Initiativkreis aus der Jugendarbeit zur Umsetzung übertragen. Dann waren die Familien gefragt – und eine große Zahl möglicher Teilnehmer*innen meldete sich zurück. Im Herbst ging die Umsetzung in die nächste Runde. Parallel zur Anmietung des Hauses und dem Verfassen von Förderanträgen an Landeskirche, Stiftungen, Ortsbeirat usw. wurde das Vorhaben allen 140 angemeldeten Jugendlichen als ein Weg, als »ihr« Weg der Vorbereitung auf die Konfirmation angeboten. Etwa 30 Jugendliche und ihre Familien wählten die WG-Variante als ihren Favoriten für die Konfirmandenzeit.

Das Kennenlernen

Anfang des neuen Jahres wurden die 30 Jugendlichen informiert, die später in drei Zehnergruppen das Haus abwechselnd bewohnen sollten. Bei einem dreitägigen Auftakt-Block im Gemeindehaus wurde der Grundstein für das Wohnprojekt gelegt. In wechselnden Aktionen lernten sich die Jugendlichen kennen, wir machten uns ein Bild von den zukünftigen WG-Bewohner*innen und besuchten am zweiten Nachmittag gemeinsam das noch leerstehende Haus. Sehr still durchschritten viele dabei das wenig wohnliche alte Gemäuer – kaum vorstellbar, dass daraus ein »Zuhause« werden könnte! Nach dem zweiten Tag gingen wir mit Wunschzetteln der Jugendlichen (»Mit wem ich mir vorstellen könnte, das Haus zu bewohnen«) in Teamklausur. Während die Konfirmand*innen schliefen, teilten wir die Gruppen ein. Nicht alle Wünsche konnten (und sollten) in Erfüllung gehen. Wir suchten die gute Mischung aus vertraut und neu, aus Jungen und Mädchen, aus scheinbar selbstständigen und unbedarften Kandidat*innen. Am dritten Tag stellten wir unseren Vorschlag vor und konnten ihn letztlich aufrechterhalten. Am Spätnachmittag gingen wir in die drei Gruppen. Ein Abendessen wurde gemeinsam vorbereitet, ein Raum des Gemeindehauses als Esszimmer der Wohngruppe eingerichtet und der Tisch gedeckt. Mit Einzelnen der Betreuer*innen verbrachten immer zehn der Jugendlichen diesen Abend und saßen erstmals als Gruppe am gemeinsamen Tisch. Noch nicht in der WG, doch die Gemeinschaft war schon spürbar und nahm hier ihren Anfang.

Der »Auflauf«

Die vier Monate bis zum Start der Wohnphasen nutzen wir für Renovierung und Einrichtung des Hauses und fürs Etablieren einer neuen Arbeitsform: dem »Auflauf«. So nannten wir den am ersten Montag jeden Monats stattfindenden Abend mit allen WG-Jugendlichen der drei Wohngruppen. Er hielt die Großgruppe zusammen, diente der Vorbereitung anstehender Wohnphasen und einem KA-Thema, das sich gut in der Großgruppe angehen ließ. Auflauf, das hieß auch: gemeinsames Essen. Oft hatte die Drittelgruppe, die das Haus aktuell bewohnte, für alle gekocht und das Essen mit ins Gemeindehaus gebracht. Der Auflauf sorgte neben Gemeinschaft und Zusammenhalt, neben KA-Input und wichtigen Absprachen auch für etwas anderes: Das Gemeindehaus und die Kirche blieben neben dem WG-Haus bekannte, wesentliche Orte der KA-Zeit.

Der Einzug und die erste Wohnphase

Anfang Mai zogen die ersten zehn Jugendlichen in das gemeinsam renovierte Haus mit großem Garten ein. Fünf Doppelzimmer, eine Küche, ein Wohn- und Essraum, ein kleiner Wintergarten und ein Raum für Hausaufgaben und PC-Aktivitäten waren vorbereitet. Dazu ein Zimmer, in dem zwei zumeist ehrenamtliche Betreuer*innen vor Ort mitlebten, ansprechbar waren und den Spagat zwischen »Laufenlassen um der eigenen Erfahrung willen« und »Ordnen, Beraten, notfalls Bestimmen um des allgemeinen Friedens, der Hygiene oder der Aufsichtspflicht willen« meistern mussten. Konfus-WG, ein stetiger Prozess. Mit einem Gottesdienst im großen Garten wurde aus der fixen Idee wahrnehmbare Wirklichkeit. Die erste Wohnphase war durch das notwendige Sich-Selbst-Organisieren der einzelnen Wohngruppen geprägt. Vier Wochen lang konnte eigenverantwortliches Leben auf allen Ebenen (Einkaufen, Putzen, Kochen, Wäschewaschen etc.) geübt werden. Und auch wir Mitarbeitenden fanden in dieser Zeit in unsere Rollen.

Die Methoden
Die Konfirmandenarbeit fand sich fast von allein! Kaum war ein gemeinsamer Lebenszusammenhang geschaffen, trat Alltag ein, und schon stand die Tür zum Religiösen weit offen. Da war am Tag drei das ganze Whiteboard im Wohnraum mit Absprachen beschrieben: »Wer darf was? Wann wird gewaschen? Klopft man an fremden Zimmern an? Was ist mit externen Gästen? Wann wird ferngesehen, von wem und vor allem was? Gibt es PC-Nutzungszeiten?« Alles hatten die Jugendlichen in der täglichen Abendrunde nach und nach besprochen und geregelt. Wirft man da am Kaffeetisch die Frage ein, ob denn jetzt alle WG-Leute zu »Regel-Fans« geworden sind, erntet man verhaltene Empörung, dann leise Zustimmung – und die Tür ist offen für ein Gespräch über die Situation in der Wüste, als die Lebenssituation nach der Flucht aus Ägypten Regeln unumgänglich machte. Zehn Gebote – klar, davon hatten unsere Konfis schon gehört. Aber dass sie mit ihren Whiteboard-Absprachen irgendwas zu tun haben könnten!? Der WG-Rahmen bot Raum und Ausgangspunkt für unzählige Formen der Vorbereitung auf die Konfirmation. Und die Bezugnahme auf Alltägliches gab den Themen dieses Jahrgangs Qualität und Plausibilität.

Die zweite Wohnphase
In der zweiten Wohnphase knüpften die Jugendlichen an ihre Wohnerfahrungen an. So entstand schnell wieder Alltag in der WG: Gemeinsam leben und weiter den eigenen Hobbys und Aktivitäten nachgehen; Verantwortung für das Haus und das Gelingen des Miteinanders übernehmen; feiern und streiten; Themen zu festgelegten Zeiten oder da, wo sie sich von selbst ergaben. Alle Mitarbeitenden mussten in Glaubensdingen sprachfähig sein – eine große Herausforderung. Der Themen- und Materialpool im Internet wuchs Woche

für Woche, allabendlich brachten WG-Mails das gesamte Team auf den Tagesstand. Rückblickend sind diese 300 Mails ein wunderbares Tagebuch der Zeit vor Ort. Auch die Jugendlichen hielten ihre Erfahrungen fest: Ein Web-Blog wurde über das Jahr geführt und ermöglichte so auch den Eltern und den Jugendlichen, die gerade nicht im Haus wohnten, am Geschehen teilzunehmen. Die Eltern nutzen außerdem einen monatlichen Stammtisch zum Austausch über ihre Erfahrungen mit dem temporären Loslassen der Jugendlichen.

Erfahrungen der Mitarbeitenden

Die Konfus-WG war von vornherein als einmaliges Vorhaben ausgelegt. Wiederholung ausgeschlossen. Konsequente Projektarbeit lebt davon, dass Dinge aufhören und damit Platz für Neues machen. Doch das Ende des Projekts ist nicht das Ende seiner Erfahrungen. Ein größeres Verständnis für die Lebenswelt und die Relevanz von Themen der Jugendlichen ist uns Unterrichtenden erhalten geblieben. Insofern war die WG auch für uns an vielen Stellen ein »Aha-Erlebnis«. Für die Jugendlichen und ihre Familien war das »Wohnen mit Gott«, wie es eine regionale Zeitung aus einem Statement unserer Konfirmand*innen zitierte, eine wesentliche Lebenserfahrung. Rituale wie das Tischgebet, die abendliche Besprechung der Tageslosung oder die morgendliche Bibellese am Frühstückstisch nahmen manche mit in ihren Alltag. Gemeinde ist zum Lebensort geworden, in der WG nicht nur »nebenbei«, sondern »ganz und gar«.

3 Rückblick als Ausblick

Sehnsucht ist ein guter Ausgangspunkt für die Arbeit mit Jugendlichen in der Vorbereitung auf die Konfirmation, die Lust darauf, ihren Fragen Raum zu geben, ihre Neugier an Erkenntnis zu stillen, mit ihnen im Gespräch zu sein. Sehnsucht baut auf eigener Klärung auf. Ich muss mir selbst Rechenschaft ablegen können darüber, was wichtig und wünschenswert ist. Ich muss Lust auf etwas haben, muss mir erdenken können, was wunderbar wäre. Arbeit mit Konfirmand*innen braucht das: eine Vision von dem, was gut wäre beim gemeinsamen Tun. Doch eine im Wochenplan eingetaktete Pflicht verträgt nicht viel Lust auf Kür, ohne in Frustration zu münden. Wie bereitet Sehnsucht einer veränderten Praxis nachhaltig den Weg? Und wie erhalten wir sie uns als Motor für Veränderung und Motivation? Ein paar strategische Schritte können dabei hilfreich sein:

Mach keine kleinen Pläne

»Mach keine kleinen Pläne. Sie haben nicht den Zauber, das Blut der Menschen in Wallung zu bringen. Sie werden nicht realisiert. Mach große Pläne, setze dir hoffnungsvoll die höchsten Ziele – und arbeite an ihnen!« (Daniel Burnham, berühmter Architekt und Städteplaner)

Sicher, Gemeindearbeit sollte nicht einem stetigen »Höher«, »Besser«, »Weiter«, »Spektakulärer« geopfert werden. Genau deshalb darf fantasie- und liebevoll am Wesentlichen gearbeitet werden. Denn hier kann Großartiges entstehen! »Mach keine kleinen Pläne« heißt für mich, Großes zu erträumen, die Schere der Machbarkeit nicht zu früh anzusetzen und die ersten Triebe nicht zu niedrig abzuscheiden. Die hehren Ziele werden zu oft den kurzen Wegen geopfert. Die ersten Zweifel an der Machbarkeit deiner skurrilen und spontanen Idee, im nächsten Jahrgang den Unterricht nur auf der Basis von Gerichten, Handwerkstechniken, hebräischen Sitten oder alten Sprichwörtern zu gestalten – die ersten Zweifel sind nicht der Moment, deine Pläne fallen zu lassen, sondern der Ansporn, sie noch einen Moment aus- und daran festzuhalten und dir ein trotziges »Dennoch!« anzugewöhnen. Halte deine Träume fest, wenn sie erst Realität werden, kommt ihre Praxistauglichkeit von ganz allein.

Hab keine Angst, es könnte etwas auf der Strecke bleiben

So wie das Fasten unser Leben nicht zwangsläufig karg macht, sondern die Tür zu Reichtum aufstoßen kann, so heißt »beschränken« noch lange nicht, dass wichtige Dinge nun keinen Platz mehr finden, dass nur noch ein Ausschnitt dessen in der Konfirmandenarbeit vorkommt, was an Themen und Methoden wünschenswert und wichtig ist. Schließe Frieden mit der Tatsache, dass immer Themen auf der Strecke bleiben! Ja, wir machen viel zu wenig – und zugleich aus

Sicht vieler Jugendlicher viel zu viel, hineingepresst in den engen Zeitkorridor der Konfirmandenzeit. Wesentlich ist, dass die Konfirmand*innen Einblick gewinnen in Gemeinde und christlichen Glauben. Und »unterwegs« lernen sie dich und die anderen Unterrichtenden als Gesprächspartner*innen für diese und andere Themen kennen und schätzen. Was willst du mehr?! Vertraue darauf, dass dir die wichtigen Themen nicht aus dem Blick geraten werden. Setze darauf, dass du sprachfähig, auskunftsfähig sein wirst, wenn sich ein wichtiges Thema im gemeinsamen Tun nahelegt.

Wag Ungewohntes
Gewohnheit lähmt den Schwung. Was dir selbst neu, fremd und ungewöhnlich erscheint, ergreift intensiver Besitz von dir. Immer häufiger schleicht es sich in deine Gedanken. Du behältst länger die Lust daran, dich ihm zu widmen oder Schwierigkeiten aus dem Weg zu räumen. Das Ungewöhnliche kann dich faszinieren und ist als Vorhaben konkreter als die Fortsetzung der Routine. Sehnsucht braucht Futter. Die skurrile Idee ist nicht nur die Antwort auf die Frage nach dem »Kreativen« im KU, sondern zugleich der Stoff, aus dem die notwendige Energie fließt, um jene skurrile Idee umzusetzen.

Bring dich in Bringschuld
Irgendwann kommt der Moment, an dem du anderen von deinem Vorhaben erzählst. Und dabei werden deine Pläne für dich überlegter, bedachter. Du wählst Worte, in die du deine Ideen kleidest, damit machst du sie – auch für dich selbst – konkreter. Indem du in Umlauf bringst, was dir vorschwebt, machst du dich ansprechbar auf deine Pläne. Sobald aus deinem »Ich dachte mir …«, ein »Ich möchte gern …« oder gar ein »Ich plane …« geworden ist, hast du dir selbst einen neuen Motivator geschaffen: die Bringschuld. Nicht, dass du jetzt alles eins zu eins in die Tat umsetzen müsstest (du bist ja weiterhin ein freier Mensch), doch es wird zukünftig nötig sein, zu erklären, warum du letztlich Abstand von deinem Vorhaben genommen hast. Bringschuld mag »ungemütlich« klingen, sie trägt aber über manche Unsicherheit hinweg. Ihre Kehrseite ist ein Erfolgsfaktor: Mit jedem Gespräch bekommst du Rückmeldung, erntest konstruktive

Kritik, Ermutigung, auch Widerstand, der dich anspornt oder davor bewahrt, eine Dummheit zu begehen.

Erhalte dir dein eigenes Erleben

Warum sich die Arbeit mit Konfirmand*innen absichtlich schwer machen? Leichter fällt es, jedem Jahrgang das gleichmäßig Gute und Bewährte zu gönnen – mit leichten Abwandlungen die gleichen Arbeitsblätter und Methoden. Sie sind im Kern nicht wirklich alt und sie sind »erprobt«! Warum unstetes Suchen nach neuem Land? Weil Neuland uns selbst wach hält! Weil du selbst auch zum ersten Mal auf diese Weise agierst, bist und bleibst du gespannt, kannst dir »routiniertes Heraushalten« nicht mehr leisten. Dich lässt nicht kalt, was passiert. Eigenes Erleben bleibt möglich, und dadurch bist du sensibler für die Prozesse. Es ist wie das neue Outfit, in das sich ein »altes Ich« zum Fest hüllt. Du beäugst dich selbst von allen Seiten im Spiegel und bist überrascht, wie du wirkst. Neu erwacht deine Aufmerksamkeit für die Details und für das Ganze – und die anderen werden Augen machen!

Verbaue dir den üblichen Weg

Oft befinden wir uns in Automatismen. Wir veranstalten in der Adventszeit Basare, feiern nach den Sommerferien das Gemeindefest (und nicht erst, wenn uns ein Grund zum Feiern »auf den Nägeln brennt«), und wir beginnen alljährlich einen neuen Konfirmanden-Jahrgang. Den Einladungsbrief haben wir vom (vor)letzten Jahr übernommen und nur die Daten erneuert. Jetzt kann es losgehen! Das Curriculum liegt wie eine breit ausgebaute Straße vor uns. Themen für die erste Zeit, Themen im Mittelfeld, Themen kurz vor der Konfirmation und ein paar Themen, die man noch machen könnte, wenn Zeit dafür ist. Spätestens jetzt ist es Zeit für eine erste, wesentliche Weichenstellung: Verbaue dir den üblichen Weg! Verbiete dir die Dateien vom letzten Jahr. Bestelle kein Arbeitsbuch ein zweites Mal, wie gut es auch gewesen ist. Mach es dir schwer! Verbringe wenigstens einen Abend mit intensiver Denkarbeit für diesen neuen Jahrgang und nutze einen weiteren für ein Treffen mit denen, die mit dir diesen Jahrgang begleiten werden. Ist der übliche Weg erst einmal (ganz aus freien Stücken) verstellt, fällt es der Fantasie leichter, auf neuen Wegen auf die Reise zu gehen!

Suche dir neue Reisegefährten

An vielen Orten in unserer Kirche ist es normal, dass gemeinsam mit anderen ein Jahrgang begleitet wird. Ehren- und hauptamtlich Aktive ergänzen sich. Den Jugendlichen bieten sich unterschiedliche Personen, Typen und Charaktere als Wegbegleitung an. Mit ihnen gemeinsam den Weg zu bedenken und Zwischenziele anzusteuern, ist schon viel! Mehr noch erlebe ich, wenn ich mir neue, ungewöhnliche Reisegefährt*innen für den nächsten Jahrgang suche und diese bitte, in einem konkreten (Projekt-)Zeitraum mitzuwirken. Auch hier gilt: Mach es dir ein wenig schwerer! Frag nicht nur die junge Ehrenamtliche, die auch im letzten Jahrgang aktiv war. Bitte nicht wieder den freundlichen Vater, der immer gern für Aktivitäten bereitsteht und setze auch nicht auf die Kirchenvorsteherin, die so gut bei den Konfirmand*innen ankommt. Frag die Bestatterin, einen Künstler aus der Nachbarschaft, die Organistin, deinen mittlerweile 17-jährigen Sohn (oder dessen Schulkameradinnen), den Erzieher aus der Kita, die Küsterin, den Bäcker, eine Dame aus dem Seniorenkreis. Und frage sie nicht nach einem Curriculum. Suche mit ihnen im Gespräch nach konkreten Wegen zu den Reisezielen, die in der Konfus-Zeit unstrittig verborgen sind.

Mach die Pflicht zur Kür

Pflichten scheinen unser Zeitbudget fast komplett auszufüllen. Dem stehen gefühlte 10 % Zeit für die Kür gegenüber. Darum greifen die einfachen Aufrufe, es sich in seinem Arbeitsalltag auch einmal gut gehen zu lassen, Neues zu wagen und innovativ zu sein, zu kurz! Wirkliche Veränderungen und Verbesserungen müssen dort gewagt werden, wo Alltag geschieht. »Mach die Pflicht zur Kür« ruft uns auf, keine neuen Inseln im Alltag, keine Urlaubsressorts im Blick zu haben, sondern den neuen Schwung dort für Bewegung und Veränderung zu nutzen, wo sich der größte Teil unseres Arbeitslebens abspielt. Kür gehört nicht »on top« platziert! Kür kann und sollte Teil unserer Pflicht sein!

17 Vom Adeln der Notwendigkeiten – Konfirmand*innen verlegen einen Weg

Dieter Niermann

1 Die Idee reift

Immer mal wieder kommt es in Kirchengemeinden zur Zusammenarbeit einzelner Gemeindegruppen oder Arbeitsbereiche: Der Kinderchor gestaltet die Seniorenadventsfeier mit. Der Eine-Welt-Kreis bereitet einen Gottesdienst mit vor. Die Konfirmand*innen betreuen Spielstände auf dem Gemeindefest. Nicht unbedingt der Regelfall ist es, dass ein Projekt in der KA ein Problem des Bauausschusses lösen hilft.

Die Kirche in unserem Stadtteil ist 250 Jahre alt. Umpflastert ist sie mit einem Weg aus gebrannten Ziegeln. Jener Weg hatte Schaden genommen. Mangels einer Begrenzung zur umgebenden Rasenfläche des alten Friedhofsgeländes waren die Steine verrutscht, abgesackt und an einigen Stellen auch gebrochen. Das war unansehnlich und gefährlich geworden. Der Bauausschuss der Gemeinde nahm sich der Sache an. Die Kosten schienen erträglich, die Planungsphase war nahezu abgeschlossen. Da trat der Landesdenkmalschutz auf den Plan und gab zu bedenken, dass es sich beim alten Pflaster um handgeformte und in der Region gebrannte Ziegel handelte, die bei einer Neupflasterung auf jeden Fall wieder Verwendung finden müssten. Nun ist es nicht egal, welche Steine man neu verlegt. Nimmt man das alte Pflaster hoch, sind die Steine schmutzig, Erdreste haften an, teilweise auch Moos und anderer Bewuchs. Manche Ziegel sind zerbrochen, können jedoch wieder verlegt werden, andere nicht – deren Zahl jedoch nicht zu groß werden darf, denn Ersatzsteine sind nicht vorhanden und die neue Umpflasterung soll ja die gleiche Fläche umfassen wie die alte. Ein großes Puzzle ist zusammenzusetzen. Puzzlearbeit ist Handarbeit. Folgerichtig lagen die ersten Kostenvoranschläge für die neu formulierte Baumaßnahme um ein

Vielfaches höher als die ersten Planungen. Ratlosigkeit machte sich in den Gemeindegremien breit.

Etwa zu dieser Zeit saßen wir beieinander, ehrenamtlich Aktive in der Arbeit mit Konfirmand*innen und ich selbst als Hauptamtlicher. Vor uns eine kleine »Luxuszeit«, die wir schon in der Planung des kommenden Jahrgangs verankert hatten. An vier Tagen waren die Jugendlichen aufgefordert, im Anschluss an den Schulvormittag in die Gemeinde zu kommen. Ein Ankommensprogramm sollte es geben, bis nach dem Eintreffen der Nachzügler*innen alle zu Mittag essen würden. Zwei bis drei thematische Stunden sollten folgen, bevor die Jugendlichen gegen 17:30 Uhr wieder zu Hause sein würden. Für den sich anschließenden Freitag war eine Schulbefreiung mit Eltern und Schulen vereinbart, um die Themenwoche abzuschließen. Nun ging es um die inhaltliche Planung. Mit Blick auf den Themenkanon im KU legten sich mehrere »klassische« Themen nahe. Darunter auch »Kirche und Gemeinde«: Was macht beide eigentlich aus? Welche Formen kennen wir? Welche Hoffnungen und Sehnsüchte, welche Motivationen und Visionen spielen eine Rolle?

So kamen beide Gedankenstränge zusammen: miteinander ganz handgreiflich Gemeinde bauen, lauter Einzelstücke, Einzelindividuen zu einem Ganzen werden lassen, thematisches Arbeiten mit einem Arbeitseinsatz verbinden, die viele Handarbeit beim Wegepflastern durch vieler Hände Arbeit erledigen lassen. Nur: Darf man das?

2 Vorbereitungen

Darf man die Arbeitskraft der Jugendlichen zur Kosteneinsparung bei einer Baumaßnahme nutzen und das ganze Vorhaben als »Konfirmand*innenarbeit« verkaufen? Nicht ohne Weiteres! Doch solange die Idee noch greifbar war, sollte die Frage nach der Umsetzbarkeit und dem »Darf man das?« noch nicht den Blick auf die Chancen verstellen. Im Vorbereitungskreis entstand eine Liste, wen oder was es zu befragen galt:

Zuerst musste das Konzept befragt werden: Was soll es austragen? Welche Chance liegen darin – und welche Risiken? Was macht aus der Idee ein solides und pädagogisch »wegbereitendes Vorhaben«? Wie kann das Verbindende verstärkt werden, sodass die Pflasterei unmissverständlich auf das Thema »Gemeinde/Kirche« hinweist? Findet hier tatsächlich ein Inhalt zu einer überraschenden Form? Oder zwingt man zur Rechtfertigung eines Vorhabens Inhalte in eine nur mäßig geeignete Form? Welchen Aufforderungscharakter beinhaltet die Idee? Welche Nachhaltigkeit ist zu erwarten? Durch das Verweilen bei diesen Fragen an die Idee und das Konzept gelang zweierlei: Die thematische Vertiefung einer ad hoc formulierten Anfangsidee und die frühzeitige Klärung der Idee für alle zukünftig Beteiligten. Nur so sind alle Mitarbeitenden in der Umsetzung auskunftsfähig in Bezug auf die thematische Tiefe des Vorhabens.

In einem zweiten Schritt wurden die Rahmenbedingungen genauer befragt: Welche Form der Unterstützung können wir tatsächlich leisten? Welche Arbeiten müssen von einer Fachfirma durchgeführt werden? Wie steht es mit Arbeitsschutz, Gewährleistung und Haftung? Mit welchem Zeitaufwand ist für die einzelnen Schritte zu rechnen? Wie steht es mit dem Bedarf an Werkzeug und Material? Ist mit einem erfolgreichen Abschluss und Ergebnis zum Ende der Unterrichtswoche zu rechnen? Was ist mit schlechtem Wetter und schlechter Laune? Welche Kosten entstehen trotz der hohen Eigenleistung? Schon bald zeichnete sich hier eine gute Arbeitsteilung zwischen KA-Gruppe und einem ortsansässigen Garten- und Landschaftsbauer ab, der zu den Erdarbeiten und der Lieferung von Material auch eine Fachberatung zur Verfügung stellte. Letztlich wurde unser Vorhaben für ihn und seine Firma zur Herzensangelegenheit, und sowohl Gruppe als auch Ergebnis begeisterten ihn mit jedem Tag der Umsetzung mehr. Die in Rechnung gestellte Summe für seine Mitwirkung zeigte diese hohe Verbundenheit deutlich.

Mit diesen Klärungen im Gepäck traten wir zwei Monate vor der Konfi-Woche während eines regulären Treffens an die Jugendlichen heran und ließen sie an unseren Überlegungen teilhaben: Was haben wir zum Thema »Gemeinde« schon getan? Was erhoffen wir uns von einer Wieder- bzw. Neubeschäftigung mit diesem Thema? Was kann unsere Konfi-Woche zusätzlich zum inhaltlichen Gewinn noch bringen? Verbundenheit, Spaß, Stolz auf gemeinsames Erreichtes? Vielleicht sogar Anerkennung, Publicity und »etwas Bleibendes«? Sicher lockten unsere Fragen die Gruppe auf den uns lohnend erscheinenden Pfad. Wichtig war, das Entstehen der Idee, die »Notlage« in der Gemeinde und die Erwartungen des Teams an das gemeinsame Tun ehrlich und vollständig zu benennen.

Schnell sprang der Funke über. Es zahlte sich aus, im Vorfeld einige der Sorgen und Bedenken bereits im Team diskutiert zu haben: Wer hat schon Lust, stundenlang Steine abzubürsten? Wie viel Spaß ist zu erwarten? Was hab ich denn davon? Bei gelingender Projektarbeit entsteht Motivation aus dem Zusammenspiel von guter Planung und dem hohen Aufforderungscharakter der Idee. Beides schien hier zu passen, und so verlief auch der Elternabend, den wir bewusst auf den Abend dieses KA-Termins gelegt hatten, unproblematisch. Gut, etwas Inspirierendes und »Handfestes« vorstellen zu können. Gut auch, dass ein zentrales Thema der KA auf ungewöhnliche Weise »erarbeitet« wurde. Bedenken bezüglich der »Ausnutzung jugendlicher Arbeitskraft« oder der Sinnhaftigkeit des Vorhabens kamen dank der konzeptionellen Vorarbeit nicht auf. Es empfiehlt sich, ein solches Vorhaben in anderen, kleinen Kreisen schon einmal einzubringen, die spontanen Anfragen und Bedenken ernst zu nehmen und bei der Weiterentwicklung zu berücksichtigen.

3 Frisch ans Werk

Am Montag der KA-Woche trafen wir uns nach dem Mittagessen im Turmraum. Hier, umgeben von 1000 Jahre alten Mauern, gab es eine Einstimmung ins Thema: Was könnten diese uns umgebenden Mauersteine alles berichten? Jahrhunderte lang war hier ein Ort von Gemeinde. Mal war der Turmraum Altarraum, mal Sakristei, kurze Zeit Lebensmittellager und Gefängnis. Hier haben Menschen gebetet, getrauert, gaben sich das Jawort oder wurden konfirmiert. Pastor*innen bereiteten sich hier auf den Gottesdienst vor. Es wurde Abendmahl gefeiert, gesungen und getauft. Und jetzt sitzen wir hier und stellen uns mit denen, die vor uns Gemeinde waren und gestaltet haben, in eine Reihe. Jetzt ist unsere Zeit. Was macht Gemeinde aus? Wie hat sie die Jahrhunderte hindurch Bedeutung für die Menschen haben können? Und was macht für uns Gemeinde aus? Wir kommen ins Gespräch.

Ein weiterer Stein kommt ins Spiel. Es ist einer der vielen Pflastersteine von draußen, der ins Rutschen geraten war. Das Besondere ist die Zahl auf seiner Unterseite: 1270, mit einem spitzen Gegenstand in den noch feuchten Ton eingeritzt und durch das Trocknen und Brennen jetzt unauslöschbar. Eine Jahreszahl? Eine »Chargen-Nummer«? Sicher ist: Im Jahr 1270 stand der Turm bereits – vielleicht lag auch schon der Ziegel am heutigen Platz. Wir sprechen vom Weg, von den anstehenden Arbeitsschritten, von den Ziegeln, die von Hand geformt und von Hand verlegt wurden, lange vor unserer Zeit. Jetzt legen *wir* Hand an und hinterlassen neue Spuren für die Zukunft. Und wir nehmen eine Frage mit, die jede*r für sich und im Gespräch in dieser Woche klären kann: »Was hat damals wohl die Kirche für die Menschen bedeutet? Was bedeutet sie dir heute?«

Gut 10.000 Steine sind zu lockern, aufzunehmen, zu reinigen, zu stapeln. Die Zahl hatten wir auf der Basis einer Stichprobe (»Wie viele Steine liegen in einem Meter?«) errechnet. Die beiden ersten Nachmittage werden dafür benötigt – ergänzt durch Spielaktionen und einen Tagesschluss mit Liedern, biblischem Impuls und Gebet. Hier taucht die Fragestellung wieder auf, mit der wir am Rande der Pflasterei beschäftigt waren.

Beim Hochnehmen des Pflasters entdecken wir weitere Einritzungen: Worte, Zahlen, Namen, Zeichen. Ein System lässt sich nicht erkennen. Gegen eine Dokumentation dieser Funde spricht die Sorge, mit dem Hinweis auf die »geheimnisvollen Zeichen« zukünftig Menschen zu locken, die die verlegten Steine wieder hochnehmen, um solche Einritzungen zu entdecken.

Am Ende des zweiten Nachmittags stehen die Pflastersteine abgebürstet und sortiert auf Paletten. Nun kann der Landschaftsbauer anrücken und den Untergrund für die Neuverlegung vorbereiten. Pflastersand wird angefahren und verteilt, der Boden verdichtet, Zement geliefert, aus dem wir später eine Stützkante an die verlegten Steine gießen werden. Während die Firma arbeitet, geht die

Gruppe am dritten Nachmittag nach dem Essen in den Kirchraum. Wir sammeln uns um das Taufbecken, das den zentralen Punkt im Altarraum bildet, um den sich in U-Form die Kirchenbänke gruppieren. Auf Aufklebern stellen wir die Namen der Konfirmand*innen sowie des Teams in den Mittelpunkt: Eine DIN-A4-Seite mit Namen, selbstklebend und bewusst nicht alphabetisch sortiert. Bogenweise sind solche Etiketten im Handel zu erwerben und dienen im Normalfall als wetterfeste Preisschilder in Gartenmärkten oder Baustoffhandlungen. In einer Warming-Up-Aktion sortieren wir uns im Kirchraum nach immer neuen Kriterien: Augenfarbe, Geburtsmonat, Stadtteil, Schule, Geschwisterzahl. Auf dem DIN-A4-Bogen stehen wir auch deshalb zusammen, weil wir in unterschiedlicher Funktion zu dieser KA-Gruppe gehören. Nun weiten wir den Blick und bringen mehrere hundert weitere Bögen mit Aufklebern ins Spiel. Der dicke Stapel überrascht. Wo kommen all diese Namen her? Knapp 10.000 Menschen gehören zu unserer Kirchengemeinde. Sie alle sind mit je einem Namensschild hier vertreten. Das Computerprogramm der landeskirchlichen Mitgliederverwaltung lieferte die Daten, die mit dem Laserdrucker dauerhaft auf kleine, wetterfeste Sticker aufgebracht wurden. Wir breiten alle Bögen in konzentrischen Kreisen um den Taufstein aus (s. Abb. 5). So viele! Und alle gehören sie zu unserer Gemeinde – wie ich! Im Kreis um die Namen sitzen kommen wir ins Gespräch: Keine schlechte Wahl, die Namen aller Gemeindeglieder um das Taufbecken herum anzuordnen …/ Gehöre ich nur so lange zu dieser Gemeinde, wie ich hier wohne? Was ist, wenn ich wegziehe?/Ist es egal, zu welcher Gemeinde ich gehöre?/Ich bin noch nicht getauft. Ist mein Name jetzt schon bei den ganzen Aufklebern?/Was heißt es, wenn ich noch nicht getauft bin? Ist Gott das egal?/Stellt euch vor, am nächsten Sonntag kämen *alle* Gemeindemitglieder zum Gottesdienst …

Bislang als kleines Geheimnis gehütet, eröffnen wir gegen Ende des dritten Nachmittags den Plan für das Neupflastern in den kommenden zwei Tagen: Unter jeden Stein, den wir neu verlegen, kleben wir den Namen eines Gemeindemitglieds. So versammeln wir symbolisch alle Menschen der Gemeinde um ihr Gotteshaus. Und an diesem Nachmittag werden schnell noch ein paar Aufkleber nachgemacht: Die Namen der Gruppenmitglieder, die nicht zu dieser

Abb. 5: Namensschilder aller Gemeindeglieder sind um den Taufstein herum ausgebreitet (© Dieter Niermann)

Gemeinde, sondern zu einer Nachbargemeinde gehören, und die der noch nicht Getauften.

Mit Eifer gehen die Jugendlichen am nächsten Nachmittag ans Werk. Von fünf Startlinien aus wird gleichzeitig neu verlegt. Dabei wechseln sich die Jugendlichen ab: Steine transportieren, Sand abziehen, Namensschilder aufkleben, Steine verlegen, Beton anmischen und eine Kante zur Stabilisierung aufschütten. Der sichtbare Erfolg beflügelt. Wir kommen voran und fühlen zugleich, mit unserem Beitrag Teil von etwas »Großem« zu sein. Der lokale Fernsehsender hat einen Wink von uns erhalten und sendet am Abend in den Nachrichten einen kurzen Beitrag über die Jugendlichen und ihr ungewöhnliches Vorhaben. Erfolgreich gingen die Pflasterarbeiten über die Bühne. Insbesondere der unterrichtsbefreite Freitag bot Raum und Zeit für letzte Arbeiten, für gemeinsames Genießen des Ergebnisses und das gesunde Maß an Stolz über den Erfolg. Entgegen der Verabredung, die Namen ohne Ordnung und ohne sich den Platz einzelner Personen zu merken zu verlegen, hatten sich Gruppe und

Team darauf verständigt, am letzten Tag die Namen der Beteiligten an einem bestimmten Platz im Weg zu verlegen. Mit diesen letzten Steinen fand die ungewöhnliche Unterrichtsaktion ihren Abschluss.

4 Gemeinsam gewonnene Erkenntnis

Im Gottesdienst nach der KA-Woche fiel es Jugendlichen, Eltern, Team und Gemeinde leicht, das Geschehene einzuordnen. Anerkennend gingen alle nach dem Gottesdienst über den neuen Weg. Obwohl der größte Teil der Zeit für Handwerkliches Verwendung fand, überwogen in der Rückschau die Statements der Jugendlichen, die von ihren Erkenntnissen zur Frage nach Kirche und Gemeinde erzählten. Und »auf dem Weg« wurde auch erreicht: Freude am gemeinsamen Tun, Stolz über sichtbar erbrachte Leistung, Verbundenheit mit dem Gelände rund um die Kirche und Vertrauen in die Umsetzbarkeit von Ideen, die »quer zum Üblichen« liegen. Die Gemeinde hätte vielleicht andere Wege gefunden, die Erneuerung der Umpflasterung möglich zu machen. Größeren Ertrag hätte eine andere Form der Realisierung kaum erbringen können. Die biblischen Impulse der Tagesandachten (»Der Stein, den die Bauleute verworfen haben ...«, Ps 118,22; »Du bist der Fels, auf den ich meine Kirche bauen werde ...«, Mt 16,18; u. a.) sowie der Bezug zu einem konkreten Stein im Kontext von Gemeinde oder Kirche (Taufstein, Findling in der Turmwand, Gedenkstein auf dem Friedhof u. a.) ermöglichten einen bildhaften und erinnerbaren Zugang zu zentralen Botschaften.

5 Zurückgeschaut!

Mittlerweile sind einige Jahre ins Land gegangen. Die Konfirmand*innen von damals sind nun volljährig. Bei ihrer Konfirmation haben wir uns einen »Umweg« erlaubt. Statt direkt vom Gemeindezentrum aus in die Kirche zum Gottesdienst einzuziehen, haben wir zur Verwunderung von Küster, Fotograf und Gemeindegliedern eine Extrarunde um die Kirche gedreht – auf »unserem« Weg! Und wir haben kurz innegehalten, da wo alle unsere Namen bis heute beieinander liegen.

Die Arbeit an diesem Buchkapitel ist es, die mich dazu bringt, heimlich, im Schutze des Sonntagnachmittags, zu tun, was dem Weg bislang zum Glück erspart blieb. Ich nehme einen der Steine auf und bin gespannt, ob der Name darunter noch vorhanden, noch lesbar ist. Mit Absicht nehme ich einen Stein auf, der irgendwo mitten im Weg liegt. Gleich zweifach überrascht mich das Ergebnis: Unter diesem Stein kleben zwei Namen. Trotz des unsortierten Abdrucks der Namen auf den einzelnen Bögen hat ein*e Konfirmand*in diese beiden wohl bewusst unter den gleichen Stein geklebt. Noch überraschender ist der Zustand der Aufkleber. Sie sehen aus, als wären sie gerade erst angebracht worden. So ist davon auszugehen, dass noch viele Jahre lang die Namen derer, die damals zur Gemeinde gehörten, um ihre Kirche herum versammelt sind. Wir reihen uns ein in die unendliche Geschichte Gottes mit den Menschen hier vor Ort. Über Zeit und Raum bleiben wir mit ihnen und mit ihm verbunden.

6 Der Blick nach vorn

Und im nächsten Jahr? Und in anderen Gemeinden, an anderen Orten, zu anderen Zeiten? Schließlich ist nicht immer ein Weg neu zu pflastern! Natürlich ist dieses Vorhaben auf andere Ausgangssituationen übertragbar, geht es doch im Kern nicht um Wegebau im engeren Sinne, sondern um das Eröffnen von Wegen zwischen nur scheinbar unverbundenen Bereichen der gemeindlichen Realität. Was braucht es, damit Realitäten in Kindergarten, Seniorenkreis, Baupflege, Kirchenmusik oder Friedhofsgestaltung Relevanz in der Arbeit mit Konfirmand*innen erlangen? Es braucht Wachheit für die Realitäten in diesen Bereichen, die Fantasie, scheinbar Unzusammenhängendes zusammenzudenken und die Bereitschaft, einer Idee für eine längere Zeit Sinn und Wirkmacht zuzutrauen.

Bauprojekte bieten ungeahnte Chancen für die Arbeit mit Konfirmand*innen. Sie eröffnen Zugänge zum Thema für jene, die sich der Diskussion und Textarbeit, kreativen Methoden und biografischen Bezügen nicht gewachsen fühlen oder entziehen. Sie sind ein Ort von Inklusion. In ihrer Handgreiflichkeit bringen Projekte dieser Art eine Realität mit sich, die in Schmutz, Erschöpfung, Schweiß und Erfolg unmittelbar erfahrbar ist.

In Projekten bietet sich den Jugendlichen die Gelegenheit, sich selbst als gestaltend, schöpferisch und Gemeinde prägend zu erfahren – für eine Interimszeit die Kirchenfenster durch Provisorien der Konfis ersetzen, während die Bleiverglasung restauriert wird; anstelle der (noch) nicht vorhandenen Antependien Entwürfe der Konfis auf Stoff oder Papier ein Kirchenjahr lang nutzen; die Außenanlagen rund um das Gemeindezentrum von den Konfis als Bibelgarten bepflanzen und pflegen lassen.

Projekte und Aktionen, die von einer »Not« ausgehend Unterrichtsthemen als »Tugend« aufnehmen, sind beidem verpflichtet: der Form *und* dem Inhalt. Ihr Herz sollte am *Inhalt* hängen, der auch andere Formen annehmen kann.

18 Den Nagel auf den Kopf getroffen – Konfirmand*innen schmieden einen Lebensbaum

Thomas Thieme

1 Idee

Es war das übliche Dorfstraßenfest, wie es jedes Jahr gefeiert wird. Ich schlenderte die Straße entlang, aß hier eine Bratwurst, kaufte da ein Glas selbstgemachte Marmelade. Auf dem Heimweg sah ich, dass die alte Dorfschmiede offen war. Neugierig betrat ich den vom Ruß geschwärzten Raum. Darin stand ein junger Mann in schwerer Lederkluft, mit rußgeschwärztem Gesicht und einem strahlenden Lächeln: »Kommen Sie rein, ich habe gerade ein Eisen im Feuer. Wollen Sie sehen, wie ein Nagel geschmiedet wird?« Ich wollte. Unter gezielten Hammerschlägen entstand ein Nagel, wie ich ihn nur von unseren Kirchenkreuzen mit Korpus kannte. Ich war sofort fasziniert und kaufte einen Satz Schmiedenägel für die Gemeindearbeit in der Passionszeit.

Ich erfuhr, dass der junge Schmied Denkmalpfleger ist und die Schmiede als Hobby betreibt, damit das alte Handwerk am Leben gehalten wird. Wie nebenbei erzählte er, dass er auch mit kleinen Gruppen von Erwachsenen schmiedet. Ohne viel nachzudenken, fragte ich: »Ginge das auch mit Jugendlichen?« »Naja«, meinte der Mann: »die Werkzeuge sind schwer, da braucht man schon Kraft, aber grundsätzlich ist es möglich.« Kurz entschlossen verabredeten wir, das Thema einmal zu vertiefen.

Was mich für ein solches Projekt begeisterte, war die Vorstellung, meinen Jugendlichen eine Erfahrung zu ermöglichen, die außerhalb ihrer alltäglichen Lebenswirklichkeit einer bildungsbürgerlichen Mittelschicht lag. Der Mix aus schwerer körperlicher Arbeit, die extremen Elemente von hartem Stahl und heißem Feuer sowie das kreative Potenzial eines »Kunst-Handwerks«.

Ein Grundprinzip aller herstellenden Tätigkeiten in der Konfirmandenarbeit meiner Gemeinde ist: »Wir schaffen es (nur) zusammen.« Ein Werkstück entsteht, indem alle Gruppenmitglieder nach Maßgabe ihrer Fähigkeiten und Talente mitwirken. Nötig ist eine möglichst kleinteilige Arbeitsteilung und die Möglichkeit, parallel verschiedene Phasen der Realisierung angehen zu können – kurz gesagt: Alle müssen immer etwas zu tun haben.

Als ich das dem Schmied sagte, schlug er vor: »Schmiedet doch einen Baum.« Und mit zwei, drei Kreidestrichen auf einer Arbeitsplatte entstanden einfache Elemente, aus denen man einen Baum zusammensetzen konnte. »Letztlich«, meinte der Schmied: »hängt es von der Kreativität deiner Jugendlichen ab. Ihr braucht nur etwas Rundstahl, wenn der heiß ist, lässt sich alles draus formen. Dazu etwas Blech für Verzierungen.« Sollte es so einfach sein? Ich war begeistert!

Im Laufe des Sommers entwickelte ich ein Konzept für das neue Konfirmandenjahr (ab Oktober) mit dem Ziel, im Winter einen Baum zu schmieden. Zuerst erarbeitete ich biblische Zugänge. Doch der Aufwand erschien mir zu groß, wenn das Ziel nur wäre, eine kreative Transformation biblischer Aussagen zu erreichen. Der Baum brauchte Bedeutung und Verwendung über seinen Entstehungsprozess hinaus. Fündig wurde ich in einer Nachbarkirche. Ich saß im Gottesdienst und erblickte vorn links im Altarraum die Holzschablone eines Laubbaumes, an dem Fotos von Täuflingen hingen. Das war's. Wir schmieden einen Lebensbaum, an den wir die Bilder unserer Täuflinge hängen.

Mit dieser Idee ging ich in die nächste Sitzung des Gemeindekirchenrates. Wenn der Baum Verwendung finden sollte, noch dazu an so prominenter Stelle wie im Kirchraum, dann mussten mehr Menschen in der Gemeinde davon überzeugt werden, und das würde nur gelingen, wenn ich sie in den Prozess der Vorbereitung, Entwicklung und der Nachbereitung mit einbeziehe. Und so geschah es dann auch. Aus einem Konfi-Projekt wurde ein Projekt, mit dem sich alle in der Gemeinde beschäftigten.

2 Situation und Umstände

Unsere KA findet blockweise an einem Samstag im Monat statt (10–16 Uhr mit gemeinsamen Mittagessen). Sie geht über zwei Jahre und ist jahrgangsübergreifend. Vor dem Konfirmationstermin am

Pfingstsonntag gibt es eine Vier-Tages-Fahrt (Freitag bis Montag). Wir bemühen uns, *ein* größeres Projekt pro Jahr zu realisieren. Zur Vorbereitung und Durchführung sind drei Konfi-Samstage vorgesehen. Im Fall des Lebensbaum-Projektes waren die Konfis bereit, für die Realisierung statt sechs Stunden an einem Samstag ein ganzes Wochenende zu investieren (Samstag 9:30–17 Uhr und Sonntag 10–16 Uhr). Sie ließen dafür sogar Sportveranstaltungen und Training im Verein ausfallen.

Zur Zeit des Projektes bestand die Gruppe aus neun Jugendlichen. Das konkrete Projekt »Schmieden eines Lebensbaumes« kann (abhängig von der Ausstattung der Schmiede) m. E. mit bis zu 20 Jugendlichen gut durchgeführt werden.

3 Vorarbeiten und Voraussetzungen

Als Erstes braucht es den*die Experten*in – im Idealfall einen gelernten Schmied. Er sollte Erfahrung mit Gruppen haben. Mit meinem Schmied vor Ort besprach ich, was ich an Material brauche und woher ich es bekomme. Er gab mir Tipps, mit welchen Schritten ich das Schmieden vorbereiten kann, damit wir die Zeit in der Schmiede gut nutzen können. Und er gab mir Sicherheitshinweise, die ich an die Konfirmand*innen weiter gab (grundsätzliche Verhaltensregeln, Kleidung etc.).

Seine Schmiede stellte sich als zu klein heraus, doch wir hatten Glück: 30 Minuten Autofahrt von unserem Ort entfernt konnte eine historische Schmiede samt Schmied gemietet werden. Sie bot mehr Platz und zwei Feuerstellen. Einige Punkte sollte man bei solchen Projekten immer berücksichtigen: Experten sind die anderen. Ich selbst hatte noch nie geschmiedet, war also, was das handwerkliche Können anbelangt, in derselben Situation wie meine Konfirmand*innen.

Das eigentliche Werk entsteht durch die Jugendlichen vor Ort. Ich habe gute Erfahrungen damit gemacht, Spielraum für spontane kreative Ideen zu lassen. Wenn im Vorhinein feststeht, was gemacht wird, sinkt der Reiz im Fertigungsprozess. Hier braucht es Gelassenheit gegenüber den eigenen Vorstellungen – sie dürfen den Vorstellungen der Jugendlichen nicht im Weg sein.

4 Nötiges Material

Zuerst braucht es kirchenpädagogisches Basismaterial: Bibeln, Papier in unterschiedlichsten Farben und Formen, diverse Stifte etc. Es wird für die erste Phase benötigt.

In der zweiten Phase braucht es einfachen Kupferdraht (Blumendraht oder alte Stromkabel) und Steckmasse, dazu diverse Zangen zum Biegen von Draht. Geschmiedet wird mit Rundstahl (Stangen zu je 2 Meter). Wird der Stahl erhitzt, verhält er sich wie Kupferdraht und ist einfach zu biegen. Mit Kupferdraht können also Miniaturen erstellt werden.

Für die dritten Phase habe ich für 100 € Stahl gekauft: 10 Stangen 12 mm Rundstahl (à 2 m), 10 Stangen 8 mm und 5 Stangen 6 mm. Den Stahl kaufte ich beim Eisenwarenhändler im Nachbarort. Im Preis enthalten war eine Stahlplatte (Gewicht ca. 25 kg) von 1 × 0,5 m Kantenlänge. Sie dient als Fuß, auf den die Konstruktion am Ende aufgeschweißt wird. Neben Stahl ist auch Edelmetall gut zu verwenden. Ich kaufte auf dem Schrottplatz alte Kupferbleche (Dachrinnen, Wannen) – zerbeult und mit Gebrauchsspuren. Dazu einige Meter altes Telefonerdkabel im Gesamtwert von ca. 70 €. Für die Schmiede samt Schmied haben wir 220 € Miete bezahlt. Dazu Essen und Trinken: Körperliche Arbeit ist anstrengend – da sollte für das leibliche Wohl gesorgt sein.

5 Nützliches Personal

Eine möglichst breite Einbindung der ganzen Gemeinde ist hilfreich. Neben dem »Experten«, der ggf. eingekauft werden muss, können viele Ehrenamtliche aktiviert werden. Für unser Projekt brauchten wir vor allem für die Zeit in der Schmiede Transportmöglichkeiten. Die Konfis mussten zur Schmiede gebracht und wieder abgeholt werden. Hierfür habe ich die Eltern angesprochen, die dazu gern bereit waren.

An den Konfi-Samstagen kochen die Konfis füreinander und miteinander. Für das Wochenende in der Schmiede habe ich Konfi-Eltern gebeten, uns aufzuwärmende Mahlzeiten bereitzustellen. Snacks und Süßigkeiten habe ich besorgt.

Um den fertigen Baum in die Gemeinde zu transportieren, brauchte es ein Lastfahrzeug (der Baum wiegt 100 kg). Hierfür konnte ich einen Konfi-Vater gewinnen, der ein Transportunternehmen für Tresore hat. Das wusste ich, weil ich bei jedem neuen Konfi-Jahrgang die Berufe und Hobbys der Eltern erfrage. Wer darauf nicht zurückgreifen kann, dem rate ich, bei lokalen Firmen vorzusprechen. Handwerker lassen sich begeistern mitzumachen, wenn Jugendliche etwas Handwerkliches tun. Und es kann mit ihnen über eine »Sachspende« geredet werden.

6 So haben wir's gemacht

Phase 1 – Der erste Konfi-Samstag

Die Aufgabenstellung für diesen Samstag lautete: »Lies zuerst den Text (die Bibelverse) und beantworte (für dich) folgende Fragen: Was für ein Baum ist gemeint? Welche Rolle spielt der Baum im Text? Was ist mit dem Baum gemeint – wofür steht er? Wie würdest du den Baum darstellen (als Skulptur)? Erstelle ein Plakat, um deine Antworten den anderen zu präsentieren.«

Die größte Herausforderung für die Konfis bestand darin, nicht einfach einen Baum zu »malen«, sondern für ihre Baum-Metapher (Flucht und Rückkehr, Gerechtigkeit für Arme, Wiederaufbau von Verfallenem, alter und neuer Glaube) einen Ausdruck zu finden. Sie sollten einüben, mit den Augen der zukünftigen Betrachter*innen auf das eigene Werk zu schauen. Ich habe zu Anfang konkrete Hilfestellungen gegeben (ein Baum aus stilisierten Körpern; ein Baum, dessen Stamm aus einer alten Tonne besteht). Danach ging es mit Spaß von selbst, und ich war von den Ergebnissen überrascht. Im Nachhinein denke ich: Eine Reduzierung auf Bibelstellen, die den »Lebensbaum« (in Schöpfung und Offenbarung) thematisieren, wäre besser gewesen.

Schema des ersten Konfi-Samstags

- 10 Uhr: Ankommen, Begrüßung
  Andacht zu und mit Psalm 1 (Kerze, Gesangbuch, Bibeln)
- bis 11:30 Uhr: Thema »Bäume in der Bibel«
  (Briefumschläge mit Bibelstellenangaben, z. B. Gen 2,8–9.15–

17.3,1–7; 21,(22–31)32–34; Ri 9,6–16; Ps 1; Jona (3,10–4,4) 4,5–11; Lk 6,43–46; 13,6–9; 19,1–6(7–10); 21,29–33; Joh 15,1–8; Röm 11,13–24; Aufgabenstellung, große Papierbögen und Stifte)
- 11:30 bis 13 Uhr: Mittagspause
kochen, Tisch decken, essen, abräumen, abwaschen
- ab 13 Uhr: Fortsetzung »Bäume in der Bibel«
Plakate fertigstellen und präsentieren
- ab 14:30 Uhr: Thema »Der Lebensbaum«
Diskussion: Welche Motive lassen sich wie realisieren?
- ab 15:15 Uhr: Terminplanung
gegen 16 Uhr: Abschluss mit Gebet und Segen

Phase 2 – Gemeindearbeit und zweiter Konfi-Samstag

Die Plakate, Bibelstellen und Psalm 1 habe ich in allen Gemeindegruppen und Kreisen präsentiert, diskutiert und für Andachten verwendet. Die Plakate trafen auf positive Resonanz. Der Wert des Projektes als Ganzes war nur für wenige zu übersehen. Es gab kritische Anfragen, ob die Konfis denn auch verstünden, worum es in den Bibeltexten ginge. Doch gab es keine Einsprüche gegen das Projekt.

Schema des zweiten Konfi-Samstags
- 10 Uhr: Ankommen, Begrüßung
Andacht zu und mit Psalm 1, Gen 2,8 ff. und Offb 2,7 ff. (Kerze, Gesangbuch, Bibeln)
- bis 11:30 Uhr: »Der Lebensbaum«
Fortsetzung der Diskussion um die Motive
- 11:30 bis 13 Uhr: Mittagspause (s. o.)
- ab 13 Uhr: »Unser Lebensbaum«
Erläuterungen zum Schmieden aus Rundstahlstangen, Modelle eigener Lieblingsmotive aus Kupferdraht fertigen, Einigung auf die »gelungensten« Elemente.
- ab 14:30 Uhr: »Unser Lebensbaum«
Aus Steckmasse mehrere Baum-Versionen zusammenstecken und fotografieren.
- 15 Uhr: Sicherheitsbelehrung, Handzettel für Eltern
Alle relevanten Informationen zu Kleidung, Verhaltensvorschrif-

ten etc. hatte ich vom Schmied erhalten und so aufbereitet, dass sie von Jugendlichen verstanden werden und bei den Eltern ankommen.
- ab 15:15 Uhr: Terminplanung
- gegen 16 Uhr Abschluss mit Gebet und Segen

Im Anschluss …
… bin ich mit den entstandenen Motiven und Entwürfen wieder in alle Gruppen und Kreise gegangen. Einige haben daran weitergearbeitet, andere eigene Entwürfe erstellt. In jeder Gruppe wurden Fotos vorheriger Gruppen gezeigt. Die Resonanz war durchweg positiv. Alle hatten Spaß dabei.

Phase 3 – Das Wochenende in der Schmiede
In der Schmiede gab uns der Schmied eine Einführung in das Handwerk. Die Konfis trugen Kleidung, die den Sicherheitsstandards genügte (Schutz vor Funkenflug, stabile und feste Schuhe, keine offenen langen Haare etc.). Die Schmiede war auf Gruppen eingestellt. Es gab Schutzbrillen, Ohrschützer und Lederschürzen. Die Jugendlichen haben sich in Gruppen zu zwei oder drei Personen eingeteilt und als Erstes alle ein gleiches Grundelement geschmiedet: Am Fuß des Baumes sollte jede Stange ein halbes Herz bilden. Die Stangen können nun kreisförmig zum Stamm angeordnet werden, sodass aus jedem Blickwinkel ein ganzes Herz zu sehen ist, aus dem der Baumstamm herauswächst. Insgesamt haben wir den Baum aus neun dieser Grundelemente zusammengesetzt, je ein Element für eine*n Konfi. Das hat fast den ganzen Tag gedauert. Das obere Ende der Stange wurde nach Art einer Weide gebogen. Alle Stangen wurden auf die Fußplatte geschweißt. Danach konnte jede*r aus den übrigen Stangen Elemente schmieden, die als Verzierung an den Baum angebracht wurden, z. B. Notenschlüssel, ein Ewigkeitszeichen oder einen IXTYS. Schließlich haben wir mit Blechscheren Blätter aus dem Kupferschrott geschnitten, sie noch etwas bearbeitet: Äderung eingestanzt, Ränder gefeilt und die Form geschwungen (s. Abb. 6). Zum Schluss hat jede*r seinen*ihren Namen in ein Blatt gestanzt. (Dass die Konfis ihre Namen »eingeprägt« haben, war mir eine Steilvorlage für die Predigt im Konfirmationsgottesdienst.) Aus

Abb. 6: Konfis fertigen Blätter aus Kupferschrott (© Thomas Thieme)

dem Kupferdraht haben wir Ösen und Ringe gedreht und damit die Blätter am Baum befestigt. Das alles lief nicht strikt nacheinander ab, sondern durchaus gleichzeitig. Es gab spontane neue Interessen und Fähigkeiten, die entwickelt wurden, z. B. das gute Schüren eines Schmiedefeuers.

Phase 4 – Der Baum wird benutzt

Die Zeit in der Schmiede reichte nicht aus, um alle Blätter am Baum anzubringen. Phase 4 bestand aus der »Sichtprobe«. Mit dem Gemeindekirchenrat war vereinbart, dass der Lebensbaum zuerst im Gemeindehaus aufgestellt wird. Dieser wollte nicht, ohne ihn zu sehen, entscheiden, ob der Baum in der Kirche aufgestellt und benutzt wird. Als der Baum nach 14 Tagen zu uns gebracht wurde, wollte es der Zufall, dass sich einige aus Gemeinde und Gemeindekirchenrat zum »Frühjahrsputz« trafen. Ich habe die Konfis hinzugebeten und wir haben im Beisein der Erwachsenen die restlichen Blätter angebracht. Fragen, die mir die Erwachsenen stellten, habe ich an die Konfis weitergegeben, die mit Begeisterung antworteten.

Mithilfe eines Konfi-Vaters, der eine kleine Hubbühne auf Rädern besaß, wurde der Baum in die Kirche gebracht. Von allen Täuflingen, die wir seither getauft haben, ließen wir uns ein Bild geben, das laminiert und in Blattform ausgeschnitten, als weiteres Blatt an unserem Lebensbaum hängt.

7 Was bleibt

Das Projekt hat einen vierfachen Wert. Erstens haben sich die Konfis ein Erlebnis geschaffen, das außeralltäglich war und das Potenzial hat, unvergesslich zu sein. Diesem Erlebnis haben wir zweitens eine Manifestation gegeben, die von langer Dauer ist. Wir haben einen Erinnerungs-Marker gesetzt, der noch in vielen Jahren ein positiv aufgeladenes Verhältnis zur Kirche hervorruft, immer dann, wenn die Jugendlichen mal wieder vorbeischauen (z. B. an Weihnachten oder zu Ostern). Dieser Effekt besteht drittens auch für die Gemeinde. Der Baum wird uns noch lange an diesen Jahrgang erinnern. Viertens haben die Jugendlichen mit dem Lebensbaum der Gemeinde ein sich wandelndes, quasi lebendiges Symbol unseres Glaubens geschenkt. Durch diese Langlebigkeit wird das Glaubenssymbol zu einem Kunstwerk, das für sich wandelnde Deutungen (etwa aufgrund neuer Verstehenshorizonte im Laufe eines Lebens) offenbleibt.

Kunst transformiert Material aufgrund einer Idee – das ist im Grunde das christliche Narrativ von Erlösung und Neuschöpfung durch Gott. Dieser Prozess wird in unseren Projekten auch durch die Auswahl des Materials reflektiert – hier durch die Verwendung von Schrott. Material, das seine Bestimmung verloren hat und »verworfen« wurde, wird von uns neu geformt und erhält einen neuen, bleibenden Wert. Das Lernpotenzial ist kaum zu überschätzen. Wir haben während des Prozesses beiläufig diskutiert über Nachhaltigkeit und Bewahrung der Schöpfung, über äußere Schönheit und innere, über den Unterschied von Wertzuschreibungen durch Gebrauch und durch Sein und vieles mehr.

Der Entstehungsprozess selbst entwickelte sich paradigmatisch zu einem gelungenen Beispiel kirchlicher Gemeinschaft. Es beginnt damit, dass sich eine Gruppe findet und sich im Austausch mit den überlieferten Glaubenszeugnissen diese aneignet und in einem Akt der Anverwandlung nach einer Ausdrucksform für ihren eigenen Glauben sucht. Diese aktualisierte Form wird selbst zu einem Zeugnis, das das Potenzial hat, diesen Prozess erneut beginnen zu lassen. Indem wir viele aus der Gemeinde in den Prozess eingebunden haben, agierten wir für zwei Monate sinnfällig als ein Leib aus vielen Gliedern – unterschieden nach Alter und Fähigkeit, geleitet von einem Geist.

Mittlerweile bin ich mit vielen in der Gemeinde dauerhaft im Gespräch über neue Projekte. Ich muss nur das Material nennen, den Stoff, mit dem ich gern arbeiten würde (Luft oder Wasser, Glas oder Stein), und schon kommen von anderen Ideen, die wir gemeinsam weiterentwickeln. Zwei Kriterien leiten uns dabei: Das Projekt muss von der Gruppe als Ganzes verwirklicht werden, also für jede*n einen leistbaren Arbeitsschritt enthalten. Und es muss im Leben der Kirchengemeinde Verwendung finden.

19 Das Kirchbuch – Konfirmand*innen bauen eine Bibliothek von A bis Z

Franziskus Jaumann

1 Die Idee

In Gräbendorf am Rand von Berlin steht auf dem weiten Gelände neben Pfarrhaus und Gemeindehaus seit Oktober 2017 das »Kirchbuch« (s. Abb. 7). Mit seinen knapp drei Quadratmetern Grundfläche ist es eine Bibliothek »to go«: »Kommen Sie rein, nehmen Sie ein Buch mit, bringen Sie es wieder, noch besser bringen Sie zwei.«

Im September 2016 begann ein neuer Konfirmandenjahrgang mit fünf Konfirmand*innen, die sich bereits aus der Grundschulzeit kannten und mittlerweile unterschiedliche Schulen besuchten. So lagen die persönlichen Erlebnisse in Schule und Privatleben mehr obenauf, als der Wunsch, Konfirmandenunterricht zu erleben. Darum suchte ich nach einem Projekt, das in einem begrenzten Zeitraum die Möglichkeit bot, die Jugendlichen einer kleinen Gruppe zu fesseln.

Eine Idee ergab sich zufällig bei einer Fahrt an einem KA-Samstag nach Berlin. Auf dem Weg entdeckten wir eine Telefonzelle, in der wahl- und lieblos Bücher präsentiert wurden. Bei den Konfirmand*innen kam die Idee auf, dass auch unser Dorf so etwas bräuchte – nur schöner:

»Wieso bauen wir eigentlich nicht selbst eine Bibliothek, das werden wir ja wohl schaffen!« Bei den Konfis war die Flamme entfacht, und wir gingen den nächsten Schritt: Wie geht das?

Nach den Gesprächen mit den Jugendlichen und einem befreundeten Zimmermann gewann die Bibliothek mehr und mehr Gestalt. Eine Holzbibliothek vom Stamm bis zum fertigen Haus sollte es werden, mit 2 × 1,5 Metern in der Grundfläche, 3 Metern in der Höhe, mit Schrägdach und innen verkleidet mit Regalen. Wir besuchten den örtlichen Förster, um mit ihm fällbare Bäume im Kirchwald zu suchen, die wir – unter seiner Leitung – fällten. An ihrer Stelle

Abb. 7: Das fertige »Kirchbuch« (© Franziskus Jaumann)

pflanzten wir neue Bäume. Mit einem Radlader und einem großen Hänger wurden die Baumstämme auf einen uns zur Verfügung gestellten Hof gebracht und mit entschlossenem Anpacken der Konfis in einem mobilen Sägewerk zu Balken und Brettern gesägt.

Jetzt hatten wir zwar das Holz, doch fehlte uns das Geld, Fundament, Dachpappe, Lasur, Schrauben etc. und Bücher anzuschaffen. Mehrere »Betteltouren« bei Baumärkten, Vereinen und der Gemeinde brachte uns mehr Geld, als wir gehofft hatten, und mehr Bücher, als wir unterbringen würden.

Doch: »Vor den Lohn hat der Herr die Arbeit gesetzt.« Wir hatten uns maßlos verschätzt. Hier eine kleine Anleitung zum Nachmachen, die aus den Krisen, die wir erlebten, gelernt hat:

2 Die Zeit – und Gott sei Dank ein Konzept

Geplant war der Bibliotheksbau vom ersten Sägen bis zum letzten Pinselstrich für fünf KA-Stunden und einen KA-Samstag, also eine Gesamtdauer von vier Monaten. Das war zu kurz gedacht. Die Zeit arbeitete gegen uns. Es hat sich gezeigt, dass es schwierig ist, ein solches Vorhaben im laufenden Unterrichtsbetrieb und in einer knapp kalkulierten Zeit zu bewerkstelligen. Heute stelle ich mir vor, ein solches Projekt als Thema einer Konfirmandenfahrt zu planen, um innerhalb einer Woche dicht an dicht bauen zu können, oder das Projekt zeitlich auszudehnen und über die gesamte Konfirmandenzeit von Zeit zu Zeit daran zu arbeiten, auch um witterungsunabhängig zu sein.

Was in der von uns anvisierten Zeit gelang, war das Konzept, das hinter dem Bibliotheksbau stand. Zum einen sollte es den diakonischen Gedanken unseres Glaubens herausstellen: Die Konfis bauen etwas für andere und bereichern damit das Gemeinde- und Dorfleben. Durch ihre Werbung in den einzelnen Gemeindekreisen um Bücherspenden erlebten die Jugendlichen auch, wie schnell eine solche selbstlose Leistung Anhänger*innen findet, die bereit sind, mit ihren Möglichkeiten zu helfen. Zum anderen ruhte das Konzept auf dem übergreifenden Thema »Schöpfung«. Nach einer Einheit zur Schöpfungsgeschichte mit dem Fokus auf Gott als Schöpfer und der Welt als seinem Geschöpf gingen wir im Rahmen des Baus zu der Thematik des verantwortungsvollen Umgangs mit der uns geschenkten Schöpfung über. Hier ergaben sich auch während des Bauens tiefgehende Gespräche über Nachhaltigkeit, Wegwerfgesellschaft und das Bewusstsein, wie viel Arbeit in solch einem kleinen Haus steckt und wie leichtfertig man bereit ist, in den großen Möbelhäusern Altes gegen Neues einzutauschen.

3 Die vielen, vielen Hände

Mitgewirkt haben immer mehr, als einem im ersten Moment einfallen, und viele, die man in Gedanken gar nicht präsent hat. Vier Gruppen waren für den Bibliotheksbau unentbehrlich.

In erster Linie müssen die Konfirmand*innen begeistert sein. Sie sind es, die das Projekt im wahrsten Sinne des Wortes »stemmen«. Wenn es in der Vorbereitung nicht zu *ihrem* Projekt wird, besteht die Gefahr, dass sie im Bauverlauf die Lust verlieren und halbherzig weitermachen oder – schlimmer noch – abbrechen und ein halbfertiges Werkstück zurücklassen, was der eigenen Motivation für zukünftige Projekte sehr gegenläufig wäre.

Zum zweiten waren mehr »Fachleute« notwendig, als ich dachte: Zimmermann, Förster, Transporteure für den Transport von zehn Baumstämmen mit je vier Meter Länge, ein ortsansässiger Bauunternehmer, der uns das Fundament goss, auf dem die Bibliothek verankert wurde, um den gültigen Bauvorschriften zu entsprechen (hier sei auch an die Fällgenehmigungen, Bauanträge und die zuständigen Behörden erinnert). Zum bereits aufgezählten Team fand sich noch ein Facharbeiter für mobiles Sägen ein, um aus den Stämmen verarbeitbare Bretter zu machen. Geplant war auch eine Innenbeleuchtung für die Bibliothek. Doch dieses Vorhaben muss noch etwas warten, da sich hierfür noch kein Elektriker gefunden hat. In bestimmten Phasen des Baues ist sachkundiges Personal unabdingbar, um den notwendigen Sicherheitsansprüchen zu genügen.

Eine dritte Gruppe bilden die Spendenden aus allen Teilen der Region, innerhalb und außerhalb der Kirchengemeinde. Es kamen kistenweise Bücher bei uns an, auch warteten Dutzende Umzugskartons darauf, vor Ort abgeholt zu werden. Eine erste Zählung der Bücherspenden belief sich auf 1.200 Stück. Nach einem gründlichen

Sortieren blieben 800 Bücher übrig. Denn nicht nur brauchbare Bücher (Inhalt, Zustand etc.) fanden den Weg zu uns. (Und eine kontinuierliche Pflege empfehle ich auch im laufenden Betrieb.) Auch die kleinen Liebesdienste der Gemeinde haben zum Erfolg beigetragen. So erhielten wir immer wieder Kuchenspenden während der Arbeiten, die verloren geglaubte Kräfte neu entfachten.

Eine von mir zunächst zu wenig in den Blick genommene Gruppe waren die Eltern der Konfis. Sie mit in das Projekt einzubeziehen, hätte manches erleichtert. Die Nutzung ihrer Ressourcen in Bezug auf Fahrdienste, Kontakte, Finanzen und handwerklichem Geschick hätte ermöglicht, ein starkes Team in der Hinterhand zu haben.

4 Der Ort – oder wie viele Orte es braucht

Die erste Frage bei der Planung war die nach dem Standort der Bibliothek. Das Pfarrgelände bot den am meisten geeigneten Platz. Doch sollte die Bibliothek direkt und ohne Umweg über das Gelände erreichbar sein. Die Erfahrung hat gezeigt, dass es kirchenfernen Menschen schwerfällt, die Schwelle eines fremden, kircheneigenen Grundstücks zu überschreiten. So entschlossen wir uns, die Bibliothek nahe dem am Pfarrgelände vorbeiführenden Fußweg zu positionieren und den Zaun, der das Grundstück umgibt, an dieser Stelle nur für diesen Zweck zu öffnen.

Wie sich herausstellte, sollte dies nicht der einzige heikle Ort sein. Zu Beginn wurde uns ein leerstehender Hof zur Verfügung gestellt, auf dem wir erst die Stämme und anschließend die Bretter lagern wollten. Doch kurzfristig wurde das Gelände verkauft, und wir hatten 14 Tage Zeit, unter großen Kraftanstrengungen alles Material zu entfernen und an anderer Stelle unterzubringen. Im Wissen um solche Unwägbarkeiten bietet es sich an, im Vorfeld einen gut gelegenen und beständigen Ablageort zu finden, an dem sich bei schlechtem Wetter überdacht arbeiten lässt und auf dem das Holz ruhen kann, wenn man selbst Ruhe braucht.

5 Die Finanzen – oder wo kommt jetzt das ganze Geld her?

Ganz im Sinne dieses Buchtitels »Einfach mal machen« haben wir erst angefangen und dann geplant. Dies gilt speziell für die Finanzierung. Außer Acht lassend, dass viele Förderanträge Fristen, Abgabetermine und Wartezeiten haben, gerieten wir immer wieder einmal finanziell unter Druck. Alles in allem, Geschenke für die Ehrenamtlichen, Schutzausrüstung wie Handschuhe, Brillen und das benötigte Material einberechnet, lagen die Gesamtkosten des Projektes bei ca. 600 €.

6 Es geht einfacher und kürzer

Innerhalb einer Dorfgemeinschaft bestehen oft mehr Möglichkeiten zu solch einem Vorhaben als in der Stadt. Man kennt sich. Kann man auf diese Ressourcen nur schwer zurückgreifen und möchte es dennoch *einfach mal machen,* gibt es die Variante, mit vorgefertigten Teilen zu arbeiten. Einen fertigen Holzunterstand kann man für 100– 150 € kaufen und diesen mit ebenfalls gekauften Brettern verkleiden. Der Innenausbau lässt sich mit Regalen eines bekannten Möbelherstellers bewerkstelligen. Auch diese Variante des kürzeren Weges, der weniger an Aufwand sowie sachkundigen Helfer*innen benötigt, liegt in einem ähnlichen Kostenrahmen. Was jedoch auch hier zu bedenken ist, sind die jeweiligen Anträge beim Bauamt sowie die Berücksichtigung aller sicherheitsrelevanten Faktoren, da die Bibliothek zum Teil ein öffentliches Gebäude ist.

Als Zeitrahmen ist ein Jahr vom ersten Gedanken bis zum fertigen Projekt zu empfehlen. Es geht auch schneller, doch bedeutet dies, neben den anderen gemeindlichen Aufgaben, ein intensiveres und aufwändigeres Planen.

7 Dies gilt es zu bedenken

- In welcher Form soll das Projekt in die KA eingebunden werden: KU-Fahrt, den Jahrgang begleitend, am Stück in sechs Monaten? Welche Termine sind vorgesehen? Letzteres ist insbesondere wichtig für die Koordinierung der Ehrenamtlichen.

- Die Konfis müssen von ihrem Projekt begeistert sein.
- Die Finanzen sollten stehen und die Stellen und Abgabefristen der Förderanträge bekannt sein.
- Ehrenamtliche müssen gewonnen werden und je nach Umfang und Vorhaben das entsprechende Fachpersonal.
- Im Laufe des ganzen Projektes gilt es, um Bücherspenden zu werben und einen Ort bereitzustellen, an dem diese gelagert werden können. Der Vorrat sollte vor dem geplanten Einweihungstermin angelegt und gesichtet werden. Nichts ist schlimmer als leere Plätze und eine unattraktive Auswahl.
- Wo wird gebaut, wo gelagert? Welche Räume stehen zur Verfügung?
- Welche Anträge müssen gestellt werden? Braucht es Fällgenehmigungen o. ä.? Vor-Ort-Termine mit dem Bauamt, der Försterei sind notwendig.
- Beim Materialeinkauf gilt die Devise: Lieber ein paar Schrauben mehr als zu wenig. Auch brauchen alle Beteiligten das notwendige Werkzeug. Gibt es genügend Handschuhe, Akkuschrauber, Hämmer, Pinsel, Bauhelme?
- Die eigentliche Durchführung geht (oder besser schraubt sich) fast von selbst.
- Ein Geheimtipp: »Tue Gutes und rede darüber.« Man sollte mit dem Projekt nicht hinterm Berg halten. Je mehr es an die Öffentlichkeit dringt, desto mehr Hilfe erfährt man. Viele Bücher, die Kuchenspenden und die ein oder andere finanzielle und materielle Unterstützung kamen aus Ecken, die wir nicht vermutet hatten, die aber von der Idee gehört hatten und außerhalb der Kirchengemeinde mit ihren Möglichkeiten mithelfen wollten.

8 Am Ende Erfolg und Erfolg ohne Ende

Nach sechs Monaten laufendem Betrieb kann ich ein kleines Resümee ziehen, das ich gern allen Nachahmer*innen mit auf den Weg geben möchte. Nach allen Anstrengungen war das Projekt am Ende ein voller Erfolg: Die Bibliothek steht in voller Schönheit. Und nun ist sie auch ein Erfolg ohne Ende, denn sie bereichert das Dorf. Die Konfis und die restliche Kirchengemeinde erfahren Lob für die

Idee und deren Umsetzung. Die Bibliothek lebt und füllt sich wie von selbst. Menschen, die vorher einen Bogen um das Pfarrgelände und die Kirche gemacht haben, kommen vorbei und bleiben zum Gespräch. Sie nehmen Kirche weniger vorurteilsbeladen wahr. Da die Bibliothek mittlerweile auch eine recht passable Kinderbuchabteilung besitzt, finden auch kirchenferne Kinder mit ihren Eltern den Weg zu uns – eine Gruppe, die wir sonst nie erreicht hätten. Neben Gesprächen, die zwischen Tür und Angel oder Buch und Lexikon entstehen, ergibt sich auch die Möglichkeit, zu anderen Angebote der Gemeinde einzuladen. Wir haben einen kleinen Aufsteller in der Bibliothek, der für besondere Gottesdienste, Feste und andere Veranstaltungen wirbt – und es funktioniert! Immer mehr hören wir: »Wir haben es in der Bibliothek gesehen und dachten, wir kommen einfach mal vorbei.« So ist die Bibliothek eine Möglichkeit, Kultur und die Freude am Lesen zu fördern, darüber hinaus ist sie ein Eisbrecher und der Ort, der zu mehr einladen kann.

Ich möchte allen Mut machen, ein solches Projekt zu wagen. Wir haben es ohne das heutige Wissen um Schlaglöcher und Hürden geschafft und hatten Spaß dabei. Die Konfirmand*innen haben etwas geschaffen, auf das sie unheimlich stolz sind und das weite Kreise zieht, sodass bereits der nachfolgende Jahrgang begierig fragt, was sie denn bauen werden.

In Gottes Himmelreich gibt es kein Copyright, und jedes neue »Kirchbuch« ist eine Bereicherung. Wenn Sie sich unsicher sind, ob Sie es schaffen, sage ich ganz klar: »Ja, einfach mal machen.«

20 Türen öffnen im Advent: Konfirmand*innen besuchen Gemeindeglieder – und umgekehrt

Carolin Marie Göpfert und Claudia Neuguth

1 Die Idee

»Es ist bei uns üblich, dass die Konfis im Gottesdienst in der ersten Reihe sitzen, weil sie sonst zu viel quatschen.« Dieser Satz und mit ihm viele andere zeugen von einer Fremdheit zwischen Gemeindegliedern und Jugendlichen, die – im besten Fall – durch die KA *step by step* in der Gemeinde ankommen. Unserer Erfahrung nach begreifen sich die Konfirmand*innen am Beginn der Konfi-Zeit nur selten als Glieder einer Gemeinde und damit einer Gemeinschaft über die Konfirmand*innengruppe hinaus. Ihr Interesse, andere Menschen der Gemeinde, die nicht am KU teilnehmen, kennenzulernen, scheint nicht groß zu sein. Treue Gemeindeglieder zeichnen sich zwar durch ein gewisses Interesse am KU aus, welches sich in Fragen wie: »Wie viele Konfirmanden haben wir dieses Jahr?« und einer Beteiligung am Vorstellungsgottesdienst zeigt, scheinen aber eher ein defizitäres Bild von Konfirmand*innen zu haben. »Ich finde es unmöglich, dass der Konfirmand im Gottesdienst nicht sein Käppi abgenommen hat!« Das »In-der-Gemeinde-Sein« von Konfirmand*innen wird vor allem im Hinblick auf Mithilfe beim Gemeindefest oder an Orten, »wo man halt jemanden braucht«, wie z. B. den Lektor*innendienst, festgestellt.

In den letzten Jahren haben wir im Rahmen der KA für Begegnungen zwischen diesen Gruppen gesorgt: in Gesprächsgottesdiensten, bei Gemeindefesten oder mit Briefen, die Konfirmand*innen und Gemeindeglieder einander geschrieben haben. Wo Begegnungen gelangen, entstanden Geflechte. Dies geschah vielfach noch zufällig und ohne Tiefgang. Und doch gingen wir nach wie vor davon aus, dass beide Seiten davon profitieren könnten, wenn sie die Möglichkeit zu echter Begegnung und wirklichem Kennenlernen bekämen.

Deshalb wollten wir die Begegnungen zwischen Konfis und Gemeindegliedern bewusst inszenieren und als Projekt in die Konfi-Zeit einbauen: Im Rahmen des Projektes »Türen öffnen im Advent: Konfirmand*innen besuchen Gemeindeglieder – und umgekehrt« öffnen Gemeindeglieder für Konfirmand*innen einen Abend lang ihre Tür. Und umgekehrt laden wir Gemeindeglieder in den KU ein und feiern mit ihnen Advent. In einer Zeit, in der sich ohnehin alles um offene Türen und das, was man dahinter findet, dreht, heißen Gemeindeglieder drei bis vier Jugendliche in ihren eigenen vier Wänden willkommen und begeben sich mit ihnen auf eine künstlerische Entdeckungsreise.

Sie sollen dabei nicht nur Tee trinken und Lebkuchen essen, sondern gemeinsam etwas tun. Zum einen, damit es nicht zu einer Situation kommt, in der die Gemeindeglieder die Konfirmand*innen nur »ausfragen«, und zum anderen, weil es leichter gelingt, Beziehung zu stiften, wenn Menschen gemeinsam Dinge tun. Die Konfis und die, die sie empfangen, gestalten zusammen etwas. Darüber kommen sie geschützt in Kontakt. Für Menschen, die sich fremd sind, kann das eine gute Brücke zueinander sein. Deshalb nehmen die Konfis zu ihren Gastgebern eine kleine Kiste mit Bastelmaterialien und Gegenständen mit, die sich um das Thema »Advent« drehen und zum Gestalten anregen, sodass die, die sich noch fremd sind, in dieselbe Richtung blicken.

Eine Woche nach dem Besuch öffnen die Konfirmand*innen für die Gastgeber*innen die »Tür« im KU. Bei einer offen gestalteten Adventsfeier essen und trinken sie – auch mit ihren Eltern – und stellen einander die Objekte vor, die bei den Besuchen entstanden sind. Gemeinsam feierten sie Advent und damit die Ankunft in der Gemeinschaft.

2 Die Situation

Die KA im Falkenhagener Feld wird seit einigen Jahren in der Region geplant, vorbereitet und durchgeführt. Die zwei Gemeinden arbeiten personell und räumlich zusammen. Die Konfis beider Gemeinden treffen sich zehn Monate lang donnerstags für 90 Minuten und einmal im Monat an einem Samstagvormittag in den Kirchen. Dabei werden sie von den beruflichen Mitarbeitenden beider Gemeinden – zwei Pfarrerinnen und einem Mitarbeiter im diakonisch und sozialpädagogischen Bereich – begleitet.

Der Fokus der regionalen KA liegt auf Projekten, die die Konfirmand*innen in die Bezüge der Gemeinde und des Stadtteils hinein vernetzen und die sich performativer und kreativer Methoden bedienen. Beim Projekt »Türen öffnen im Advent« haben die Konfis die Möglichkeit, Gemeindeglieder gezielt kennenzulernen, mit ihnen ins Gespräch zu kommen und etwas zusammen zu machen. Die meisten unserer Konfis haben keine binnenkirchliche Sozialisation erfahren. Kirche ist für sie der Gottesdienstraum mit Pfarrer*in und einigen Gemeindegliedern in den Bänken. Und die Konfis haben bis zum Projekt wenig Gelegenheit, Menschen innerhalb der Gemeinde kennenzulernen. Ihnen die Erfahrung zu ermöglichen, ist unser Anliegen. Wo Gemeinschaft tragen soll, da muss sie erlebbar sein.

3 Welche Schritte sind vorher nötig?

Wir klärten zunächst, dass die Kleingruppen *ohne uns* zu den Gemeindegliedern gehen. Wir versprachen uns davon ein intensiveres Treffen zwischen ihnen ohne jemanden, der für sie »eine Brücke« bildet. Mit Sensibilität und Abwägen haben wir Menschen in den Blick genommen, die sich als Gastgeber*innen eignen. Wir versuchten herauszufinden, wer in der Lage sein könnte, in einen echten Austausch mit den Konfirmand*innen zu treten. Ein Ungleichgewicht in der Kommunikation wollten wir möglichst vermeiden. Zu guter Letzt überlegten wir, wer etwas Interessantes mitzuteilen hätte. Mit Blick auf die Konfis fragten wir uns, bei wem sie sich wohlfühlen könnten.

Danach klärten wir, was passieren soll, nachdem sich die Türen öffnen – sowohl bei den Gastgeber*innen als auch bei uns im KU. Wir sammelten Ideen dafür, welche kreative »Aufgabe« wir den Konfirmand*innen und Gastgeber*innen mitgeben könnten, überlegten u. a., ob es in unseren Gemeinden eine lokale Tradition gibt, an die angeknüpft werden kann. Und wir haben uns vom Konzept der Playing Arts inspirieren lassen, nach dem mit wenig Aufwand Kunstwerke in Gemeinschaft entstehen.

4 Material

Für die Besuche bei den Gemeindegliedern bekam eine Gruppe (maximal fünf KuK sowie Gastgeber*innen) eine Papierkiste, die fünf weiße Kassenrollen, eine Packung Buntstifte, fünf Kugelschreiber, einen großen Kartonbogen in A2 und Dinge enthielt, die etwas mit Advent zu tun haben, z. B. Stroh, Tannenzapfen, Kerzen, Räucherkegel etc. Für weiteres kreatives Arbeiten stellten wir Bastelmaterialien zusammen wie Scheren, Kleber, buntes Papier und was sonst noch in unseren Schränken zu finden war. Bei den Bastelmaterialien darf es auch Abweichungen zwischen den Kisten geben.

Für die Besuche im KU und die Ausstellung brauchten wir Ausstellungstische, Klebeband zum Befestigen der Kassenrollen, Lebkuchen, Kaffee und Tee, Geschirr, Besteck und Platz für Mitgebrachtes der Eltern.

5 Übersicht

- Vier Wochen vor den Besuchen: Suche nach Menschen, die ihre Türen öffnen; Ideensammlung zu Kunstformen und »Kunststücken«, die gut umsetzbar sind.
- Vor der letzten KA-Stunde vor den Besuchen: Elternbrief vorbereiten für die KA-Stunde.
- KA-Stunde vor den Besuchen: Impulse zu »Türen«, Informationen für die Konfis und Elternbrief austeilen, Auswahl der Gastgeber*innen, ggf. Terminverschiebungen (er)klären.
- Vor den Besuchen: Materialien zusammensuchen, Kreativkisten packen, Gastgeber*innen auf den konkreten Besuch vorbereiten (Namen, Anzahl, Ablauf etc.).
- Unmittelbar vor den Besuchen: Kisten vor den Haustüren abstellen oder direkt abgeben.
- Nach den Besuchen: Fotos der Collagen sammeln und ausdrucken, beschriebene Kassenrollen sammeln, Materialien und Kisten zurückholen.
- Vor der Adventsfeier: Ausstellung der Werke, Raum vorbereiten, Kirche nutzen für Adventsfeier, Tische und Stühle stellen.

6 So haben wir's gemacht

Gut vier Wochen vor den Besuchen begannen wir, nach Menschen zu suchen, die sich als Gastgeber*innen zur Verfügung stellen könnten. Wir haben in Gemeindegruppen und nach Gottesdiensten davon erzählt und so Interessierte gefunden. Andere haben wir bewusst angesprochen. Gleichzeitig haben wir überlegt, welche Impulse wir zur Begegnung zwischen den Konfirmand*innen und den Gastgeber*innen setzen wollten. Wir haben uns für Kreativkisten entschieden, die die Jugendlichen vor den Türen ihrer Gastgeber*innen vorfinden, mit zu ihnen nehmen und gemeinsam mit ihnen öffnen.

Wir packten die Kisten und verfassten einen Elternbrief mit Angaben zu dem, was wir vorhaben und wohin die Konfis gehen. Wir ließen die Stelle mit dem Namen der Gastgeber*innen frei, weil wir mit den Konfirmand*innen gemeinsam festlegen wollten, wer mit wem wohin geht. Im Brief haben wir auch die Eltern zur Adventsfeier eingeladen und um Spenden für unser Buffet gebeten.

Vor den Besuchen haben wir in einer KA-Einheit im November Zeit zur Vorbereitung der Besuche eingeplant. Das Vorgehen wurde den Konfirmand*innen erklärt, und sie haben sich auf die Gastgeber*innen verteilt. Hier konnten auch terminliche Schwierigkeiten geklärt werden. Einige Gastgeber*innen konnten nicht an dem Abend, an dem der KU stattfand, einen Besuch anbieten, weswegen abgestimmt werden musste, wer auch an einem anderen Abend kann. Name und Adresse der jeweiligen Gastgeber*innen wurden in die Elternbriefe eingetragen. Wir teilten den Konfis mit, dass jede*r zu dem Besuch einen Gegenstand mitbringen sollte, der etwas mit Advent zu tun hat (z. B. Krippenfigur, Räucherkegel, Lebkuchen, Papier- oder Strohstern etc.). Auch diese Mitteilung schrieben wir in den Elternbrief.

Direkt vor den Besuchen haben wir die Kisten vor die Wohnungstüren gestellt. Sie sollten mit den Gastgeber*innen geöffnet werden. Dabei diente die Gruppe als Erfahrungsgruppe, in der jede*r sich selbst künstlerisch ausleben und sich in Kontakt und mit Impulsen von anderen weiterentwickeln konnte. In die Kisten setzten wir zwei Aufgaben:

1. *Assoziationen oder Geschichte zum Thema »Advent«*
   Zwei Minuten lang sollen jede*r für sich Assoziationen oder eine kleine Geschichte oder Erinnerung zum Thema »Advent« auf eine weiße Papierrolle schreiben. Nach den zwei Minuten wählen alle Teilnehmenden ca. einen Meter aus, den sie für gelungen oder wichtig halten. Diesen lesen sie laut vor und hängen ihn für alle sichtbar auf. Am Ende des Besuchs werden sie abgenommen und mit den anderen Materialien wieder mitgenommen.
2. *Die »Advents«-Collage*
   - Erste kreative Phase: Die Konfis und die Gastgeber*innen haben 20 Minuten Zeit, gemeinsam mit den mitgebrachten Gegenständen zum Thema »Advent« (Teelichter, Räucherkegel, Tannenzweige, Streichhölzer etc.) eine Collage anzufertigen. Zuerst beschränkt sich jede*r auf eine Ecke des Plakates. Die Gegenstände werden nur gestellt oder gelegt, Bastelmaterialien erst im nächsten Schritt verwendet.
   - Betrachten der Collage: Welche Stelle ist mir besonders wichtig? Was ist mir noch wichtig? Was kann miteinander verbunden werden? Was passt zusammen? Was können wir verschieben? Wie soll die Collage heißen?
   - Verändern der Collage: Unter Einbeziehen neuer Gegenstände und Bastelmaterialien (Schere, Kleber, Glitzerstifte etc.) und mit den Ergebnissen aus dem vorherigen Schritt kann die Collage noch einmal verändert werden.
   - Fotografieren der Collage und gemeinsame Benennung: In einem letzten Schritt fotografiert eine*r aus der Gruppe die Collage und schickt sie per Mail an die Pfarrer*innen. Gemeinsam findet die Gruppe einen Namen für die Collage.

Für die KA-Einheit in der Woche danach haben wir ein kleines Adventsfest vorbereitet, Tischgruppen gestellt, ein Buffett aufgebaut, zwischendrin Platz für Collagen und hängende Papierstreifen gelassen. Die Konfirmand*innen, Eltern und Gastgeber*innen sollten ungezwungen und ohne viel Programm zusammenkommen können. Auf den Tischen lagen Impulskarten bereit, die zum Gespräch einluden, aber nicht zwangsläufig verwendet werden mussten. Die

Eltern lernten die Gastgeber*innen ihrer Kinder kennen und kamen mit ihnen ins Gespräch – ein gelungener Abschluss dieses Projekts.

7 Stolpersteine – Darauf ist zu achten

Wie oben ausgeführt, ist die Auswahl der Menschen, die die Konfirmand*innen besuchen, wichtig. Die Jugendlichen sollen sich nicht in einer Prüfungssituation wiederfinden. Auf der anderen Seite sind verhaltenskreative Jugendliche vorstellbar, die nicht unbedingt den sensibelsten Gemeindemenschen den Abend schwer machen sollten. Einige Jugendliche kamen zu spät, andere fanden den Ort nicht. In der Zeit von Handys haben wir es geschafft, dass alle irgendwann irgendwo waren und Zeit in der Kleingruppe bei einem Gemeindeglied verbracht haben. Ansonsten konnte eigentlich nicht viel schief gehen.

8 Pädagogisches Potenzial

Schwellen überschreiten

Wer wohnt hinter dieser Tür? Wie ist dieser Mensch? Werde ich mich mit ihm verstehen? Was wird er von mir wollen? An einer Tür zu klingeln, ohne zu wissen, was mich dahinter erwartet, erfordert ein hohes Maß an Selbstbewusstsein. Deshalb gehen die Jugendlichen in einer kleinen Gruppe zu den Besuchen. Wir hoffen, dass sie nach einer guten Erfahrung Mut gewinnen, wieder Schwellen zu überschreiten, sich einzulassen auf jemand Neuen, sich aus der Komfortzone in die Lernzone zu begeben. In Gedanken überwinden auch die Eltern die Schwellen mit den Konfis, die für zwei Stunden in der Obhut eines Menschen aus der Gemeinde sind. Je nach Bekanntheitsgrad kann das leicht oder schwer sein, braucht es mehr Vertrauen oder weniger, das Kind an diesem Abend gehen zu lassen. Bei der Adventsfeier werden sie dann von ihren Kindern mitgenommen und lernen die Menschen kennen, die mit ihren Kindern Zeit verbrachten.

Begegnung

Wir bringen Menschen zusammen, die sich sonst vielleicht nie begegnet wären. Und falls im üblichen Gemeindekontext doch, dann mit gruppenbezogenen Erwartungen (»Wo sind denn die Konfis heute?«). Wir hoffen, dass für die Konfirmand*innen durch das Projekt eine Person aus der Gemeinde an Kontur gewinnt und die Gastgeber*innen die Konfis als eigenständige Persönlichkeiten wahrnehmen. Schön ist, wenn sie bei der Beschäftigung mit dem Thema »Advent« merken, wo Unterschiede und vor allem Gemeinsamkeiten liegen und sie sich in anderen Gemeindekontexten wiedersehen und besonders wahrnehmen.

Kreative Umsetzung

Kreative Umsetzung ist immer auch inhaltliche Auseinandersetzung mit einem Thema. Durch die mitgebrachten Gegenstände können die Konfis mit den Gastgeber*innen in einen Austausch darüber kommen, warum welcher Gegenstand für wen zum Advent gehört. Wir stellen uns vor, dass sie ihre Erfahrungen austauschen mit Fragen wie: »Was ist das?«, »Warum ist dir/Ihnen das eingefallen beim Advent?«, »Was symbolisiert das für dich?«, »Was verbinden Sie damit?«

Voneinander lernen

In der Begegnung und Auseinandersetzung miteinander bleibt eine*r nicht bei sich allein stehen. Jede*r bringt seine eigene Erfahrung mit und erweitert so den Horizont der*des anderen. Begegnung beinhaltet, dass man etwas von sich selbst mitteilt und von seinem Gegenüber etwas mitgeteilt bekommt. Dafür ist es notwendig, aufeinander zu hören, sich einzulassen und dabeizubleiben.

Miteinander feiern

Nach der Begegnung zwischen Konfis und Gemeindegliedern sind Brücken geschlagen. Manchmal gelingt es, diese Verbindungen in ein lockeres Miteinander zu überführen. Wir haben versucht, dies in der gemeinsamen Adventsfeier zu fördern, die über den Unterrichtszusammenhang hinausweisen sollte.

9 Und ganz zum Schluss – Was noch geht

»Macht hoch die Tür, die Tor macht weit« – für uns schrie die Vorstellung von sich öffnenden Türen, hinter denen sich Überraschungen auftun, nach Advent und Weihnachten. In der Arbeit mit Konfirmand*innen vieler Gemeinden ist diese Zeit traditionell geprägt durch die Mitarbeit bei Basaren, Bastelnachmittagen, Gemeindecafés und Krippenspielen.

Wem die Adventszeit zu voll ist, um das Projekt unterzubringen, der*die kann zu anderen Jahreszeiten Besuch und Gegenbesuch initiieren. Denkbar sind Gartenbesuche im Frühling, Sommer und Herbst zum Thema »Schöpfung« und ein anschließendes Grillfest. Gut funktioniert zu jeder Jahreszeit das Thema »Zu Hause sein«.

Denkbar ist – wenn es denn schöne Besuche waren – den Kontakt durch weitere Treffen und Aktionen aufrechtzuerhalten oder Gemeinde-Patenschaften zu initiieren, die über die Konfirmand*innenzeit hinweg andauern.

21 Frieden sichtbar machen – Konfirmand*innen gestalten zehn Andachten zur FriedensDekade

Carolin Marie Göpfert und Claudia Neuguth

1 Die Idee

Frieden – ein total wichtiges Thema. Das geht alle an! Doch wie bringen wir als Gemeinden das Thema an die Menschen? Die FriedensDekade widmet sich dem Frieden. Nur diesem. Jedes Jahr im Herbst. Seit einiger Zeit beschäftigen sich auch die Gemeinden im Falkenhagener Feld, angeregt durch die Materialien, die der Arbeitskreis Ökumenische FriedensDekade erstellt, zehn Tage lang mit dem Frieden. Es wurden schöne Gottesdienste in unseren Kirchen gefeiert – verbunden mit Menschen, die sich zur selben Zeit mit dem Thema beschäftigen. Die Konfirmand*innen haben gern mitgemacht und sind durch ihre eigenen Ideen ein Stück gewachsen. Schade nur, dass in dieser Zeit außer ein paar treuen Eltern und Gemeindemenschen niemand zu den Gottesdiensten kam.

Frieden – trotz des globalen Anliegens scheinen die Andachten zur FriedensDekade in den Kirchen eher eine geschlossene Veranstaltung zu sein – all denen vorenthalten, die ihren Schritt nicht in eine unserer drei Kirchen setzen. So fragen wir nach den Erfahrungen der letzten Jahren: Wie bringen wir unser Gebet für Frieden aus den Kirchen hinaus in die Welt? Denn der Wunsch, um Frieden zu bitten, bleibt. Auch in diesem Jahr: Mit Konfirmand*innen und Eltern. Mit Gemeindegliedern und den Menschen vor unseren Türen. Und wenn sie nicht zu uns kommen, gehen wir zu ihnen. Dann setzen wir unsere Schritte vor die Kirchentür. Wir haben was zu sagen. Wir gehen zehn Tage lang »an die Hecken und Zäune«, zum Supermarktparkplatz, vor die Schule, den Friedhof – dorthin, wo die Menschen sind.

Wir setzen ein Zeichen – im wahrsten Sinne des Wortes. Wir kommen für eine kurze Zeit zusammen, beten, essen und gehen wieder auseinander. Wir hinterlassen eine Spur: ein Bild und ein Licht, das die Lebenswelt der Menschen berührt. So entstand das Projekt »Friedensspuren im Falkenhagener Feld: Zehn Andachten im Rahmen der FriedensDekade«. Während des KA planen die Konfirmand*innen in zwei Einheiten (à 90 Minuten) Andachten an unterschiedlichen Orten ihres Stadtteils, die sie im Rahmen der FriedensDekade (an zehn Tagen für je 30 Minuten) feiern. Gemeinsam beten wir an zehn Tagen für den Frieden. Es ist kein kleines Projekt geworden – doch es hat sich gelohnt.

2 Die Situation vor Ort

Das Falkenhagener Feld in Berlin-Spandau ist als erste Großsiedlung der Stadt in den 1960er- und 1970er-Jahren erbaut. In den 1990er-Jahren nochmals nachverdichtet, ist der Stadtteil nun durch Gebäudegroßkomplexe und Hochhäuser geprägt. Hier und da werden diese von Einfamilienhaussiedlungen durchbrochen. Die Konfirmand*innen stammen sowohl aus den Gebäudegroßkomplexen als auch aus den Einfamilienhäusern. Ihre Familien sind zum Teil von Arbeitslosigkeit betroffen und auf Transferhilfe angewiesen, wie es im Falkenhagener Feld im Vergleich zum gesamten Bezirk Spandau und Berlin gehäuft vorkommt.

Für die Verbesserung der sozialen Situation wurde 2005 das Quartiersmanagement eingesetzt, das sich zusammen mit lokalen Akteuren – auch den Kirchengemeinden – um Vernetzung, Aufbau und Integration bemüht. Mit dem Quartier sind seit 2005 auch die Kirchengemeinden dazu angehalten, sich verstärkt zu vernetzen. Z. B. wird die KA im Falkenhagener Feld seit einigen Jahren in der Region geplant, vorbereitet und durchgeführt. Die Konfis beider Gemeinden treffen sich zehn Monate lang regelmäßig donnerstags für 90 Minuten und einmal im Monat an einem Samstagvormittag in den Kirchen. Sie werden von zwei Pfarrerinnen und einem Mitarbeiter im diakonischen und sozialpädagogischen Bereich begleitet.

Der Fokus der regionalen KA liegt auf Projekten, die die Konfirmand*innen in die Bezüge der Gemeinde und des Stadtteils hinein vernetzen sollen, und sich performativer und kreativer Methoden bedienen. Beim Projekt »Friedensspuren im Falkenhagener Feld: Zehn Andachten im Rahmen der FriedensDekade« haben die Konfis eines Jahrgangs die Möglichkeit, Gemeindeglieder kennenzulernen und mit ihnen gemeinsam an Orten ihres Stadtteils in der Öffentlichkeit zu agieren.

3 Welche Schritte sind vorher notwendig?

In der Vorbereitungsphase wurden zunächst zwei Fragen geklärt: 1. Was wollen wir? Wir wollen Andachten, die in einfacher Form Frieden sichtbar und erlebbar machen. Wir wollen diese Andachten nicht in unseren Kirchen, sondern draußen, in unserem Stadtteil feiern. Wir wollen an Orten feiern, an denen das Thema der FriedensDekade – im Jahr 2017 war es »Streit« – in besonderer Weise erfahrbar wird. Und 2. Was brauchen wir dafür? Wir brauchen eine Andachtsstruktur, die kurz und bündig (es ist kalt!) Frieden sichtbar und erlebbar macht. Wir brauchen Menschen, die diese Andachten mitgestalten und Expert*innen im Streiten sind (und die Versöhnung noch üben können): Konfirmand*innen. Wir brauchen Orte, an denen das Thema der diesjährigen Dekade täglich erlebbar wird, und Menschen, die uns beim Aufbauen, Musizieren und Kochen unterstützen.

4 Material

Zur Anregung ist das Materialheft der Ökumenischen Friedens-Dekade sinnvoll (www.friedensdekade.de). Für die zwei KA-Einheiten (à 90 Minuten am Donnerstagnachmittag) brauchten wir Inspirationskarten aus der Jugendarbeit oder ähnliche Bildkarten zum Assoziieren sowie »Streit-Orte« im Falkenhagener Feld, auf Blätter geschrieben, als Dialoggrundlage, Papier und Stifte für eigene Gedanken, Tisch, Tuch, Kerze, Kreuz zum »Üben« der Andachten.

Für die Andachten an den verschiedenen Orten brauchten wir als mobilen Altar einen Bistrotisch und ein Tuch, eine Friedenskerze mit Wind- und Regenschutz und ein Kreuz, zur Unterstützung der Stimme (an lauten Orten) ein Megafon und eine Art von Beleuchtung, für das Hinterlassen eines Zeichens eine Schablone und Sprühkreide, um Worte oder Symbole an den Orten zu hinterlassen, an denen wir waren. Für das kleine Agape-Mahl am Ende der Andacht benötigen wir Gerichte und je nach Imbiss Servietten/Teller, Besteck.

5 Personal

Zur Vorbereitung, Planung und Organisation des Projekts braucht es ein Kernteam, das auch sonst die KA gestaltet und das durch weitere Mitarbeitende – z. B. den Kantor – ergänzt wird. Zur Durchführung der Andachten wird das Kernteam durch ehrenamtliche Mitarbeitende ergänzt, die Musik machen und für die Andachten einen Imbiss vorbereiten und ausgeben. Zu diesen kommen die Konfirmand*innen hinzu, um die im Rahmen der Andacht aufgeführten Streitgespräche zu erarbeiten und die Andachten dann vor Ort aktiv mitzugestalten.

6 Übersicht

- Zwei Monate vorher: Bestellen der Materialien der Ökumenischen FriedensDekade.
- Zwei Wochen vor der ersten KU-Stunde: Klären, welche Orte das Thema sprechen lassen, Vorauswahl von Orten im Stadtteil.
- Erste KA-Einheit: Sammlung von Orten zusammen mit den Konfis, Streitdialoge erarbeiten, Plan erstellen: Wann sind wir wo? Wer kann bei der Musik und beim Imbiss unterstützen? Außerdem: Genehmigung der Straßenbaubehörde für Andachten; Gestaltung und Druck von Plakaten; Werbung in der Region, im Kirchenkreis und bei der römisch-katholischen Gemeinde vor Ort.
- Zweite KA-Einheit: Gestaltung eines liturgischen Rahmens, Klärung des Ablaufplans, Entwurf der Kreidezeichnung, Verteilung des Andachtsplans (Wer ist wann wo?); Elternbrief mit Orten und Zeiten.
- Vor jeder Andacht: Imbissvorbereitung, Aufstellen des Andachts-Equipments.

7 So haben wir's gemacht

Da wir uns am Jahresthema der Ökumenischen FriedensDekade 2017 »Streit« orientierten, nahmen wir für die Andachten das Motiv »Streit-Gespräch« auf. Dass die Friedensandachten draußen stattfanden, hatte Auswirkungen auf den zeitlichen und liturgischen Rahmen. Aufgrund der kühlen Jahreszeit mussten die Andachten kurz sein: immer um 18 Uhr eine halbe Stunde.

Als zeichenhafte Handlung war der »Agape-Imbiss« ein zentrales Element in den Friedensandachten. Dazu bereiteten Menschen und Gruppen aus den Gemeinden zu jeder Andacht ein Essen vor, das während der Andacht verteilt wurde. Mit dem gemeinsamen Essen wollten wir einen Moment Frieden einüben.

Neben dem »Streit-Gespräch« und dem »Agape-Imbiss« beinhaltete die Andacht folgende liturgische Elemente: Ein sich wiederholendes, leicht singbares Lied, Stille, Fürbitte und Friedensgruß. Als Zeichen, das wir hinterließen, erarbeiteten wir mit den Konfis Symbole, die mit Sprühkreide und einer Schablone vor Ort aufgetragen wurden. Ein Friedenslicht hinterließen wir nach der Andacht am Ort, an einer Hauswand oder auf dem Bürgersteig.

Zur Vorbereitung der Andachten mit den Konfirmand*innen planten wir zwei Einheiten (á 90 Minuten) ca. vier Wochen vor der FriedensDekade. Dafür wählten wir ein Lied aus, das in den Andachten wiederkehrte. Für die Imbisse und die musikalische Begleitung sprachen wir gezielt Gemeindeglieder an.

Ablauf der ersten KA-Einheit

- Ankommen: Konfirmand*innen sitzen im Kreis. In der Mitte liegen Plakate zum Streit, Inspirationskarten und kleine Blätter mit Streit-Orten.
- Einstieg mit dem Spiel »Bis 20 zählen«: Alle stehen im Kreis und haben geschlossene Augen. Die Aufgabe ist, bis zwanzig zu zählen. Der*die Leiter*in bestimmt, wer anfängt. Die Konfirmand*innen machen weiter. Wenn keine Zahl kommt, oder mehrere Konfirmand*innen dieselbe Zahl sagen, muss von vorn begonnen werden. Ziel: das Aufeinander-Hören sensibilisieren.

- 1. Impuls: »Schaut euch die Bildkarten an. Wählt eine aus. Was hat sie mit Streit zu tun?«
- 2. Impuls: »Wir haben schon im Vorfeld überlegt, an welchen Orten es oft zu Streitigkeiten und Konflikten kommt *(diese vorlesen)*. Fallen euch noch weitere Orte ein?«
- Gruppenarbeit – Dialog entwerfen zum Streit am besonderen Ort: »Sucht euch zu zweit oder zu dritt einen Streit-Ort aus. Entwerft einen Ausschnitt aus einem Streitgespräch *ohne* Lösung oder Versöhnung, das an diesem Ort vorkommen könnte (jeder drei bis fünf Sätze). Macht euch Notizen. Ihr sollt dieses Gespräch den anderen vorstellen können.«

Vorstellung in einer anderen Gruppe: Jeweils zwei Gruppen stellen einander die Ergebnisse vor und kommen darüber ins Gespräch. Ist gut erkennbar, worum gestritten wird? Hängt der Streit mit dem Ort zusammen? Hast du eigene Ideen, die du der anderen Gruppe mitteilen möchtest?

Vorstellung in der Großgruppe
Informationen zur FriedensDekade
Spiel »Blickkontakt«: Alle stehen im Kreis, jeweils zwei wechseln die Plätze, wenn sie miteinander Blickkontakt hatten.
Abschluss um die Kerze: Vaterunser und »Frieden, Frieden« (Taizé).

Anmerkungen zur ersten KA-Einheit

Nachdem wir eine kleine Vorauswahl getroffen hatten, überlegten die Konfirmand*innen weitere Orte, die zum Projekt »Friedensspuren im Falkenhagener Feld« passen könnten. Dabei wurden vor allem Orte aus ihrem Alltag genannt (z. B. die eigene Schule). Sie überlegten, welche Konflikte sich an diesen Orten abspielen, und entwickelten in Kleingruppen kurze Streitdialoge. Ihre Dialoge wurden in die Andachten aufgenommen.

Nach Terminwünschen der Konfis konnten die »Streitgruppen« einem Datum in der FriedensDekade zugeordnet werden. Wir fragten die Gruppen, wer sich musikalisch bei der Ausgestaltung der Andachten einbringen kann und möchte, und im Team wurde weiter überlegt, wer mit Musik und Essen die Andachtsreihe unterstützen kann. In der Folge haben wir Einzelpersonen, Kochgruppen, Kinderchöre etc. angefragt.

Mit der ersten KA-Einheit standen die Andachtsorte fest. Die Genehmigung für die Andachten im öffentlichen Raum konnte eingeholt werden. Erfahrungsgemäß ist eine Genehmigung der Polizei für Andachten im öffentlichen Raum nicht erforderlich, aber eine Genehmigung der örtlichen Straßenbaubehörde, welche die Angaben benötigt, wer wo wann was in welchem Umfang machen möchte.

Nachdem Orte und Zeiten feststanden, konnten Plakate gedruckt werden. Wir orientierten uns an den Vorlagen, die die Ökumenische FriedensDekade bereitstellt.

Ablauf der zweiten KA-Einheit

In der zweiten KA-Stunde wurden die Streitgespräche wieder aufgerufen. Die Frage nach Deeskalation und Konfliktlösung sollte im Mittelpunkt stehen. Wie könnte dies eine liturgische Form finden?

– Ankommen: Spiel »Bis 20 zählen«.
– Gruppenarbeit »Streit lösen«: Zwei Dialoge werden ausgewählt und je eine Gruppe darum gebildet. Die Dialoge werden vorgeführt und auf dem Höhepunkt des Konfliktes eingefroren. Was kann hier helfen? Wie kann man den Streit lösen?
 »Bitte schlüpft in die Rolle eines der Streitenden. Was könnte er sagen oder tun? Was braucht es, um hier miteinander einen Weg zu finden?«
– Assoziationskette: »Schreibt eure Assoziationen auf einzelne Karten und legt sie so, wie sie euch gerade in den Sinn kommen, zum Beispiel: Weggehen, schweigen, abwarten …«
– Bitten formulieren: Was braucht es, um den Streit zu lösen? »Formuliert Bitten, die ihr Gott im Gebet sagen möchtet.«
– Sammlung der Fürbitten im Plenum; Informationen zu der Andachtsstruktur; Einteilen von Gruppenarbeiten:
 Gruppe 1: Einüben des liturgischen Eingangsteils (Tisch stellen, Tuch, Kreuz, Kerze).
 Gruppe 2: Entwurf eines Bodenbildes, das mit Sprühkreide und Schablone hinterlassen wird.
– Informationen und Erklären des Ablaufs: Wer ist wann an welchem Ort? Wer hat welche Aufgabe?

- Abschluss um die Kerze: Vaterunser und »Frieden, Frieden« (Taizé).
- Jede*r Konfirmand*in bekommt einen Plan der Andachtsreihe und einen Brief an die Eltern ausgehändigt.

Anmerkungen zur zweiten KA-Einheit

Es war hilfreich, dass die KA-Einheiten einen zeitlichen Abstand zur Durchführung der Andachtsreihe hatten, da die Konfirmand*innen so in die Auswahl der Orte miteinbezogen werden konnten und genügend Zeit war, um wirksam Werbung für die FriedensDekade zu machen.

8 Die Durchführung der Andachten

Nach Plan treffen sich die Konfirmand*innen am Ort der Andacht. Die Leitenden bringen Liedzettel, Tisch, Tuch, Kreuze, Kerze, Sprühkreide, Schablone und (zur Sicherheit) die Kopie des jeweiligen Streitgespräches mit. Auch ist alles, was für den »Agape-Imbiss« benötigt wird, vorhanden. Wir rechneten mit rund zehn Personen, die dazu kommen.

Ablauf einer Andacht
- Instrumentalmusik, z. B. nach »Frieden, Frieden« (Taizé)
- Eingang: Tisch, Tuch, Kerze und Kreuz werden bereitgestellt
- Eine*r sagt dazu:
  Gott, wir stehen hier zusammen an einem Ort. (Tisch)
  Gott, wir sind dir nahe. (Tuch)
  Gott, wir denken an das Leid in der Welt. (Kreuz)
  Gott, sei du bei uns mit deinem Geist. (Kerze)
- Begrüßung: Wo wir sind und warum und was jetzt passiert
- Streitdialog: von Konfis vorbereitet und aufgeführt
- kurze Stille
- Lied, z. B. »Frieden, Frieden« (Taizé)
- Fürbitte mit Aufnahme der Gebete der Konfirmand*innen
- dazwischen Gesang: Kyrie eleison
- Vaterunser
- Lied, z. B. »Frieden, Frieden« (Taizé)

- Kreidezeichnungen durch die Konfirmand*innen
- Friedensgruß
- Agape-Imbiss
- Segen

Gottesdienst zum Buß- und Bettag – Abschluss der Dekade

Den Abschluss der FriedensDekade und des Projektes bildete die zehnte und letzte Andacht zum Buß- und Bettag. Diese Andacht orientierte sich an der Struktur der Andachten im Falkenhagener Feld. Anstelle des Streitgesprächs wurde Mk 9,33–37 gelesen und mithilfe der Streitgespräche der letzten neun Tage, der Erfahrungen der Konfirmand*innen und ihrer Bitten ausgelegt. Anstelle des »Agape-Imbisses« feierten wir Abendmahl in einem großen Kreis mit gegenseitigem Spenden von Brot und Saft.

9 Stolpersteine – Darauf ist zu achten

Beim Aufschreiben wurde uns deutlich, dass die zeitliche Abfolge der Organisationsschritte eine wichtige Rolle spielt. Teilweise müssen Dinge zeitgleich organisiert werden, wenn man genug Zeit für Werbung haben und eine innere Entfernung der Konfis zum Thema vermeiden möchte. Es erwies sich als schwierig, genügend Menschen zu finden, die im Rahmen dieses Projekts Aufgaben (v. a. Musik machen und Imbiss vorbereiten) übernehmen wollten. Wichtig ist, dass die Konfliktsituationen, die die Jugendlichen entwerfen, in Stille und Gebet aufgenommen werden. Eine Gefahr ist es, platte Lösungen zu inszenieren, die an der Realität vorbeigehen und von den Beteiligten nicht ernst genommen werden können.

10 Pädagogisches Potenzial und Gesamtbewertung

Streitkultur

Die Beschäftigung mit »Streit« war eine wertvolle Erfahrung. Dass das Thema aus dem Leben der Jugendlichen gegriffen ist, war daran erkennbar, dass die Konfis keine Schwierigkeiten hatten, lebensechte Dialoge zu verfassen. So lebensecht, dass wir im Team manchmal erschrocken waren, wie schnell in den Gesprächen ein hohes Aggressionslevel und Konfliktpotenzial erreicht wurde. Umso wichtiger erschien es uns, Formen des Umgangs damit zur Sprache zu bringen (»Was kann euch da jetzt raushelfen?«), ohne einfache Lösungen zu bieten.

Schwellen überwinden

Die Andachten fanden an Orten statt, an denen die Konfirmand*innen leben. Obwohl sich in unserer Gruppe alle darauf eingelassen haben, die Streitgespräche zu entwerfen und vorzustellen, war es eine andere Herausforderung, sie auf offener Straße tatsächlich zu präsentieren. Es gelang, sofern sie sich in einer größeren Gruppe aufgehoben fühlen konnten: Im Kreis der Mitkonfirmand*innen, Eltern, Gemeindeglieder und »Laufkundschaft«, die sich einladen ließen. Es war schön, zu erleben, wie stolz die Jugendlichen nach »ihrer« Andacht waren.

Gemeinschaft erleben

Auf offener Straße wurde Gemeinschaft erlebbar – besonders dann, wenn andere Menschen sich einladen ließen. Christsein spielt sich nicht in einem kleinen exklusiven Zirkel ab. Mit dem Weg heraus aus den Kirchenmauern wagten wir einen Weg in die Gemeinschaft und das Lebensumfeld der Konfirmand*innen.

Beten lernen

Bewusst war die Andachtsform gleichbleibend. Die Konfirmand*innen waren aktiv beteiligt: Beim liturgischen Eingang, beim Gesang, beim Kreidesprühen am Abschluss. Die Form hat sich über den Zeitraum der zehn Tage eingeschliffen: Herrschten am Anfang noch Unsicherheiten, wurde der Ablauf zum Ende hin selbstverständlich und gab Sicherheit, sodass über die Form der Inhalt eine größere Rolle spielen konnte.

Spuren hinterlassen

Wir haben sichtbare Zeichen hinterlassen. Für einen Moment wurden wir sichtbar im öffentlichen Raum. Die Menschen wurden in ihrem Alltagsgeschäft unterbrochen – für einen Moment des Hinsehens und indem sie die Schwelle überwanden und sich für einige

Minuten dazustellten. Manche haben sogar mitgesungen, mitgegessen und Danke gesagt.

Es war viel Arbeit, es gab vieles zu bedenken, manchmal jonglierten wir mit vielen Bällen gleichzeitig. Es hat sich gelohnt. Für die Konfirmand*innen war es eine bleibende Erinnerung, und wir waren froh, dass wir uns an die Planung und Durchführung gewagt haben. In den nächsten Jahren soll das Modell in dieser Form weitergeführt und vielleicht sogar auf den Kirchenkreis ausgeweitet werden.

11 Übertragungsmöglichkeiten

Diese Andachtsreihe ist bezogen auf das Thema der Friedens-Dekade 2017. Natürlich lässt sich das Modell auch auf andere Themen beziehen. Die Suche nach den passenden Orten richtet sich nach dem Thema. Die Themen »Was erinnert an Krieg?« (2016) oder »Wo werden Grenzen zwischen Menschen besonders deutlich?« (2015) hätten andere Orte im Fokus gehabt als die Orte, die wir gefunden haben. Ebenso das für 2018 gewählte Thema »Krieg 3.0«.

Die Andachtsstruktur lässt sich für KA-Freizeiten oder Konfi-Tage übernehmen, gerade dann, wenn sie schon eingeübt ist. Das Streitgespräch kann ersetzt werden durch einen Psalm oder einen (Bibel-)Text. Möglicherweise sind Impulse daraus sogar bei Konflikten unter den Konfirmand*innen einsetzbar.

Wir haben die Andachtsreihe mit Musik und Imbiss aufwändig geplant. Dazu sind Helfer*innen nötig. Wer diese nicht finden kann, muss sich nicht von der Idee an sich abhalten lassen. Der Aufwand lässt sich an vielen Stellen verschlanken: Taizé-Lieder lassen sich gut ohne Begleitung singen, und Fladenbrot und Obst sind auch ein guter Imbiss.

22 Church-Room-Escape – Konfirmand*innen bespielen den Kirchraum neu

Bertram Schirr

»Isaak ist alt geworden und seine Augen zu schwach zum Sehen, in seinem Gemach herrscht Dunkelheit.« Mit diesen Worten in den Ohren fällt rasselnd die schwere Tür der Dorfkirche zu. Sieben Konfirmand*innen tasten sich durch den mit Decken ausgelegten, abgedunkelten Vorraum. Eine erspürt ein Seil auf dem Boden. Sie zieht und am Ende findet sie ein Päckchen Streichhölzer. Sie zündet eins an. Da in der Ecke ist ein Kerzenleuchter, um den ein Zettel gewickelt ist. Die Konfirmand*innen zünden eine Kerze an und lesen: »Willkommen Fremde, ihr sollt Töchter und Söhne Isaaks sein. Isaak ist alt geworden, geht hinaus und jagt ihm ein Essen, dass er euch segne.« Und jetzt? Die Konfirmandin hält den Leuchter hoch, und jetzt sieht einer den Umriss eines Schlüssels, eingegossen in der mittleren Kerze. Dieser öffnet die Tür und die Konfirmand*innen stürmen in den Gottesdienstraum, wo neue Herausforderungen auf sie warten.

Als Kriminalist*innen, die in ekligen OP-Sälen verbotene Experimente aufklären, oder als Diebesbanden, die aus einer muffigen Galerie fliehen müssen, erleben junge Menschen heute sogenannte »Room-Escape-Games«. Das sind in Großstädten beliebte Freizeitangebote, bei denen Spielgruppen in einen Raum eingeschlossen werden, um sich durch das Lösen von Aufgaben wieder zu befreien. (Auf YouTube gibt es Videos, die das zeigen.) Kirchenräume können ein solches Setting erst recht bieten: In Gruppen kooperativ und unter Zeitdruck in einer einzigartigen Welt versinken und dabei durch Rätsel, Spuren und eigene Strategien biblische Abenteuer erleben. Wer hätte bessere Welten, Geschichten und Schätze zu bieten als unsere Kirchen – und das nicht nur in den Großstädten?

1 Gemeinsam auf der Flucht ins Leben

Ist ein »Church-Room-Escape« (CRE), also mit Zeitlimit und Rätseln aus dem Abenteuerraum Kirche zu *fliehen,* nicht häretisch? Wäre es nicht besser, wenn wir mehr Leute in den Kirchraum hinein bekämen und dort behielten – möglichst lange? Was hat Kirche mit »Room-Escape« zu tun? Einiges! Zunächst können Theologie und Religionspädagogik diese neuen multimedialen Erfahrungsräume wahrnehmen und reflektieren: Menschen lassen sich gern spielerisch in verfremdete Räume einschließen. Eingesperrtsein wirft die Wahrnehmung auf die Dinge des Raums zurück, fördert Zusammenarbeit und nimmt kulturelle Inszenierungspraktiken aus Serien (zumindest seit »MacGyver«), Hör-(»Die drei???«), Handy- und Videospielen auf.

Wie »Escape-Räume« sind kirchliche Räume Zwischenräume, temporäre Reiseräume. Sie leiten auf Wege (vgl. Josuttis 1991; Nicol 2011). Sie fordern eine Flucht – nach vorn, ins Leben, zu Gott. Thomasmessen, Godly Play, diakonische Umnutzungen u. v. a. zeigen: Kirchliche Räume können für vielfältige, auch spielerische Wege verwendet werden. In einem Church-Room-Escape bringen Bibel, Raum und Rätsel einander neu zum Sprechen und eröffnen neues Erleben von Kirchendingen.

2 Anlass und Situation vor Ort

Die Idee für das Projekt entstand bei einem Konfirmand*innen-Wochenende im Süden Brandenburgs. Jugendliche begeistern sich für Outdoor-Aktivitäten, spielen Handy- oder Videospiele und mögen das Lösen von Rätseln und Herausforderungen unter Zeitdruck. An dem Wochenende begleiteten Schnitzeljagden die Tage. An den Abenden kamen die Konfirmand*innen dann (mit derselben Abenteuer-Einstellung) zu Andachten in die Kirchenräume und sie fassten sofort alles an, drehten um, schalteten ein und aus. Aber dem dinglich in der Kirche angelegten Abenteuer zu folgen, war in der Planung nicht vorgesehen. Wieso also nicht dem Impuls der Konfirmand*innen nachgehen und Kirchenräume als Abenteuerzonen mit CREs neu bespielen? Dann können sie andere Gruppen zu einem CRE in *ihrer*

Kirche herausfordern und einen Gegenentwurf verlangen (CRE-Herausforderung bzw. -Challenge). Sie lernen so die Kirchen der Region, selbst inszenierte Bibelgeschichten und Rätsel kennen. Das fördert Identifikation mit *eigenen* Kirchenräumen und die Selbstverständlichkeit, über alle Kirchen der Gegend als Spielorte zu verfügen.

3 Erste Schritte

Räume

Ideal für CREs sind Kirchen- oder Gottesdiensträume mit mehreren abschließbaren Räumen. Auch Gemeindebüros sind ideale Startorte (z. B. für Spionage-Stories).

Materialien

CREs brauchen lediglich eine Kiste für Rätselmaterialien, v. a. Zahlen- und Nummernschlösser sowie verschließbare Boxen und Kisten und einen Flipchart für Planungsposter. Laminierte Schilder und Absperrbänder helfen, Wege zu markieren. Bluetooth-Boxen lassen sich durch Handys ansteuern und können Soundeffekte oder Anweisungen einspielen. Abdunkelungstextilien erlauben den Einsatz von Handy-Leuchten oder Taschenlampen. Grundsätzlich gilt: benutzen, was *schon da* ist. So verbindet sich, wofür Kirchen-Dinge gedacht sind, leicht mit einem biblischen Narrativ und Rätseln. Ein alter Beichtstuhl bietet sich bspw. sofort als Ort der Befragung durch einen biblischen Charakter an oder Orgelpfeifen für apokalyptische Klangrätsel.

Rahmen, Ausrichtung, Zeitfonds

Der Schwerpunkt einer CRE-Einheit liegt im gemeinsamen Planen und Gestalten, das durch konkrete Testerfahrungen unterbrochen wird. Dafür geht der Blick auf den KA- und den Gemeinde-Jahresplan: Für wen sollen wir den CRE machen? Wir entschieden uns für andere Konfirmand*innengruppen, für Eltern und den Ältestenrat. Mir war wichtig, für die Förderung der kreativen und interpretierenden Kompetenzen der Konfirmand*innen ihnen die Entscheidung über möglichst viele Schritte zu überlassen. Nur bei der theologischen Dramaturgie und Feinabstimmung halfen wir Hauptamtlichen mit. Schnell wurde deutlich: CREs erfordern eine sorgfältige Erarbeitung von Geschichte, Raum und Rätseln und die Kreativität, sie theologisch durchdrungen zu verbinden. Sie gelingen, wenn sie probemäßig durchgespielt werden. Wir planten 90-minütige Treffen im 14-tägigen Rhythmus.

Personal und nützliche Kompetenzen

Teamer*innen einzusetzen, erleichtert es, Leitung zu delegieren, wo es sinnvoll ist. Erfahrungen mit Bibeldidaktik, Theater, Bibliolog, Bibliodrama oder Kirchraumpädagogik vereinfachen die Schritte. Wichtiger ist jedoch, darauf zu vertrauen, dass biblische Narrative, Kirchenräume und Rätselspiel-Elemente theologisch ebenbürtig sprechen können und sich einfach kombinieren lassen. Kenntnisse im kreativen Schreiben oder der dramaturgischen Homiletik helfen, die szenische Logik von Bibelgeschichten und Rätseln zu entwickeln (s. u. Baustein 5a). Eine erste Probe-Herausforderung der Leitenden führt allen vor Augen, wie Rätselaufbau, Zeit und Schwierigkeitsgrad funktionieren.

4 Erarbeitung der Sequenzen, Stationen und Rätsel

Baustein 1: Einführung in Room-Escape

Im Stuhlkreis tragen Konfirmand*innen auf die Frage »Wer kennt Room-Escape- oder Exit-Games?« Erfahrungen zusammen. Gibt es keine Vorkenntnisse, wird ein Video per Beamer gezeigt (z. B. The Big Bang Theory, Staffel 8, Episode 16 verfügbar über Netflix oder Amazon Prime oder eine frei auf YouTube verfügbare Reportage des Spiegels: www.spiegel.de/video/video-reportage-escape-room-gesellschaftsspiel-raetsel-video-1568434.html). Im Plenum diskutieren die Konfirmand*innen in Eigenmoderation die Reize eines Room-Escape-Games. Auf einem zweigeteilten Flipchartposter (»Raum-Poster«) erstellen sie in der ersten Hälfte eine Tabelle mit möglichen »Welten« von Room-Escape-Spielen und Gefühlen, die der Raum herstellen muss (z. B. Labor – Ekel).

Baustein 2: Raum in der Bibel

Die Konfirmand*innen teilen sich in zwei Gruppen mit separaten Arbeitsplätzen. Eine Gruppe liest den vorher ausgewählten Text

Gen 28, die andere Jes 6. Beide Gruppen beschreiben anschließend im Plenum detailliert die Räume in ihren Texten. Und sie ergänzen die Tabelle auf dem »Raum-Poster«: »Was ist das für eine Welt in Jes 6 und in Gen 28? Wie ist es für Jesaja, Gott in einem verschlossenen Innenraum (Jes 6), und im Kontrast dazu für Jakob, Gott im Freien (Gen 28) zu begegnen? Welche Gefühle verbindet ihr damit?«

Baustein 3: Der CRE-Raum

Die Gruppe versammelt sich im Gemeinderaum vor dem »Raum-Poster«, es wird rekapituliert. Eine*r schreibt die Gefühle aus der Tabelle (Baustein 1) auf je zwei Karten (»Gefühlskarten«) verschiedener Farbe. Die Gruppe teilt sich daraufhin in zwei gleich große Teams. Jedes Team bekommt ein Set »Gefühlskarten« und dazu Karten in je einer Farbe pro Team mit Worten zur Raumerschließung. Zu verwenden ist z.B.: Wohnen, Geheimnis, Heilig, Garten, Grenze, Lebensmittelpunkt, Ausgang, Eingang, Mitte, Rand, Verboten, Erlaubt, Zwang, Höhe, Tiefe, Heimat, Fremde (nach Biehl 1998, S. 32 ff.). Dazu erhält jede*r Konfirmand*in zwei Rätselkarten mit einem »?«. Diese sollen an Punkten abgelegt werden, wo etwas rätselhaft ist. Auch die »Gefühlskarten«, die »Raumerschließungskarten« und die »Rätselkarten« sollen die Teams im Kirchraum ablegen. Dann geht es in die Kirche. Ein*e Fotograf*in wird bestimmt, und die Gruppen legen ihre Karten ab. Die entstandenen beiden »Neu-Kartografierungen« des Kirchraums stellen die Teams einander vor und begründen, warum sie was wo abgelegt haben. Der*die Fotograf*in macht Bilder, stellt sie in eine WhatsApp-Gruppe oder kopiert sie auf einen Laptop. So erhalten alle eine »Erhebung« ihres Kirchraums aus Konfi-Sicht.

Baustein 4: Die Geschichte auswählen

Die Gruppe versammelt sich vor dem »Raum-Poster« aus Baustein 1. Der*die Hauptamtliche liest die Tabelle mit Welten und Gefühlräumen vor und zeigt dann die Bilder aus der WhatsApp-Gruppe bzw. vom Laptop. Alle entscheiden, welche der gezeigten Orte der Kirche sie jetzt auf die zweite Hälfte des Posters schreiben. Die Hauptamtlichen erläutern, dass Abenteuerwelten wie Piraten, Horror oder Sci-Fi auch in der Bibel zu finden sind (z. B. Paulus auf hoher See, Josef im Brunnen, Elias Himmelswagen). Sie verbinden so die Erfahrungswelt der Escape-Games mit den Vorstellungswelten der Konfirmand*innen und den Geschichten der Bibel.

Im Plenum wird nun über den Text entschieden. Für den Fall, dass es keine Vorschläge gibt, hat der*die Hauptamtliche eine Vorauswahl parat. Evangelientexte, konkrete Ereignisse aus der Briefliteratur oder Ereignisse der Offenbarung eignen sich genauso wie alttestamentliche Texte.

Baustein 5: Die Geschichte aufteilen

In der Kirche lesen die Konfirmand*innen den gewählten Text in der Bibel versweise reihum. Dann verteilen sie den Text auf Rollen, sodass alle mitmachen, und suchen unterschiedliche Raumpositionen. Es geht darum, den Text so spannend wie möglich vorzulesen. Auf einem neuen Flipchart-Poster wird ein »Story-Poster« vorbereitet. Die Konfirmand*innen teilen Abschnitte der Bibelgeschichte ein und schreiben die Verse der Teile auf das Poster. Dann legen sie Abschnitt für Abschnitt Rollen und Gegenstände auf dem »Story-Poster« fest. So entschieden die Konfis in unserem Beispiel, dass die Entdeckungsreise mit dem Raum des blinden Isaaks beginnt (Gen 27). Dann sollen Pfeil, Bogen und Wild, zwei Böcklein (Spielzeugziegen), Feierkleider und Fell-Armbinden gefunden werden.

Baustein 5a: Hinter der Bühne I – Theologie, Didaktik und Dramaturgie der Geschichte

In einem Sondertreffen nur für die Hauptamtlichen stellen diese die Abschnitte des Bibeltexts in Szenen in einem ›Drehbuch‹ (einer Tabelle mit den Reitern »Bibeltext«, »Hauptrolle«, »Lernhöhepunkt«, »Drehbucheintrag«, »Station«, »Rätsel«) für die Konfirmand*innen zusammen. Sie halten die innere Lernbewegung und die existenziellen Erfahrungen in den Bibelabschnitten fest, die die Konfirmand*innen eingeteilt hatten. Dafür notieren sie Drehbucheinträge (z. B. »Jakob und Esau brauchen Fleisch für ein letztes Mahl«). Zwei große Spalten bleiben frei. Später tragen die Konfirmand*innen dort Stationen und Rätsel ein.

Baustein 5b: Hinter der Bühne II – Vorbereitung der Test-CRE
Die Hauptamtlichen entwickeln einen eigenen knappen Test-CRE, bestehend aus einer Bibelgeschichte und Rätseln – nicht länger als 10 Minuten. In unserem Fall gestalteten wir einen Test-CRE zur Offenbarung. Im Taufbecken lag eine um eine Murmel gewickelte Folie mit den Worten in Permanent-Marker: »Wer die Zahlen versteht, lebt. (Offb 7)« Mit einer Bibel konnte unter Offb 7 die Zahl 12.000 gefunden und in ein Zahlenschloss an einer Truhe eingegeben werden, die den Schlüssel für den Ausgang freigibt. Die Konfirmand*innen kamen so in die Rätselwelt der Offenbarung, verbunden mit dem Lebensmotiv Taufbecken.

Baustein 6: Die Rätsel
Die Konfirmand*innen werden nun in die Kirche geführt und die Tür wird verschlossen. Der Test-CRE beginnt. Nachdem die Jugendlichen den CRE absolviert und den Schlüssel gefunden haben, geht es zurück in den Gemeinderaum. Im Plenum wird diskutiert: »Was war gut? Was könnte besser sein? Was waren Reiz und Funktion der Rätsel? Was hatten die Rätsel mit der Geschichte zu tun?«

Auf ein neues Flipchart-Poster, das »Rätsel-Poster«, schreibt der*die Hauptamtliche die Schwerpunkte der Rätseldidaktik: »Erklären/Belehren«, »Verbergen«, »Eintauchen«, »Erzählen«, »Herausfordern/Status festlegen«, »Spannung«, »Kooperation«, »Motivation«, »Erfolg/Gelingen«, »Zeiterleben/Konzentration« an. Alle zeichnen nacheinander einen Ring um die Worte, die ihnen am wichtigsten für die Rätselgestaltung sind, und schreiben eine Rätselidee dazu. Bis zum nächsten Treffen überlegen sich alle möglichst attraktive Rätsel.

Baustein 7: Geschichte und Stationen verbinden
Die Gruppe geht in den CRE-Raum (bei uns die Kirche). Zuerst sucht sich jede*r einen Ort, an den er*sie sich aus der ersten Begehung erinnert. Dann führt der*die Hauptamtliche zu möglicherweise noch nicht aufgesuchten Orten (Tor, Taufstein, Altar, Kanzel, Lektionar, Epitaphe, Bänke). An jeder Station bespricht die Gruppe, was die Dinge dort ermöglichen und was sie mit der Geschichte (bei uns von Jakob und Esau) zu tun haben könnten. Jede Station wird auf eine Karte geschrieben (»Stationskarte«), die die Hauptamtlichen

austeilen. Zurück im Arbeitsraum werden die Karten auf den Boden gelegt. Daneben werden das »Story-Poster« und das »Rätsel-Poster« gelegt. Jede*r erhält ein Drehbuch aus Baustein 5a. Mit Blick auf die gesammelten »Stationskarten«, Story-Abschnitte und Rätsel legt jede*r für die Bibelsequenzen Orte und Rätsel fest und schreibt seinen Namen auf sein*ihr Drehbuch. Die Drehbücher werden eingesammelt.

Baustein 8: Geschichte und Rätsel im Raum

Im Gemeinderaum, vor Rätselkiste, »Rätsel-Poster« und den »Stationskarten« in der Mitte, trifft sich die Gruppe, erhält die Drehbücher und ergänzt in der ersten Phase weitere Orte und Rätsel. Auf dem Flipchart gestalten danach alle eine Tabelle im Querformat, ein gemeinsames »Storyboard«, eingeteilt in »Bibelabschnitt«, »Höhepunkt/Lernerfolg des Abschnitts«, »Station«, »Gegenstände«, »Rätsel«, »Hinweise«. Jede*r präsentiert für jeden Abschnitt der Geschichte einen Vorschlag zu Ort und Rätsel aus dem eigenen Drehbuch. Die anderen ergänzen, machen Gegenvorschläge und stimmen ab. Die Tabelle bzw. das »Storyboard« tragen dann alle in die Kirche und gehen es an jeder Station durch. Dann verbessern sie das Zeitregime und die Rätsel. Die Konfirmand*innen legen Zeitpunkte für Hilfshinweise fest und entscheiden, ob jemand den Spielenden zuschaut oder eingreifen darf. Nur wenn alles steht, lohnt es sich, ein oder zwei Konfirmand*innen als Schauspieler*innen zu bestimmen, die direkt eingreifen und Kostüme tragen. Das bedeutet zwar einen Mehraufwand, kann jedoch die CRE-Erfahrung steigern. Allerdings muss deutlich sein, dass nur wenige Sätze gesagt werden dürfen und Geschick für das Mitteilen von Hinweisen nötig ist.

Baustein 9: Aufführungen und Auswertungstreffen

Die Konfis einer Gemeinde sprechen Einladungen und »Challenges« zu Gegen-Entwürfen aus. Zu festgelegten Startzeiten wird die Kirche nach dem Storyboard umdekoriert. Am Ausgang wird ein Gästebuch ausgelegt. Mindestens zwei der Konfirmand*innen begleiten die Gruppen und machen nach Erlaubnis Gruppenfotos.
1. Im Beispiel von Jakob und Esau läuft die 1. Station im Vorraum ab, wie oben geschildert, und geht so weiter:

2. Die Söhne und Töchter Isaaks finden eine Kiste, verschlossen mit Kette und Zahlenschloss. An ihr lehnt ein Bogen mit einem Pfeil, umwickelt mit einem Zettel und dem Hinweis: »Herden versammeln sich an der Quelle des Lebens« (Gen 27,9).
3. Versenkt im Wasser des Taufsteins ist dann eine Plastikziege zu finden, auf der steht 1/4–5. In den Bankreihen versteckt finden sich weitere Plastikziegen (2/4–4; 3/4–1; 4/4–2), die in Reihenfolge die Kombination für die Kiste beim Pfeil und Bogen preisgeben (die erste Zahl von insgesamt vieren ist die Fünf etc.).
4. In der Kiste liegt der Hinweis: »Ihr habt erfolgreich gejagt. Eure Mutter Rebekka bereitet das Essen. Aber ihr könnt noch nicht vor Isaak treten. Es sind festliche Kleider nötig, dem Segen angemessen.« Zusätzlich ein Schlüssel zur Sakristei.
5. Sobald sie den Raum festlicher Kleidung identifizieren (die Sakristei), hängen dort vier mit Goldfarbe angesprühte T-Shirts mit dem Zettel »Zieh mich an« und eine mit Nummernschloss verschlossene Box. Auf jedem T-Shirt-Rücken stehen mit Textilstift in Spiegelschrift untereinander jeweils Buchstaben: einmal G/J/T, einmal R/A/O und einmal A/H/D, einmal B/R, also im Sakristei-Spiegel und in der richtigen Reihenfolge aufgestellt: GRAB, JAHR und TOD.
6. Auf einem der Grabsteine im Kirchraum finden sich die Todesdaten, die die Box in der Sakristei öffnen. Darin: eine Bibel und der Hinweis: »Das Grab droht. Wie alt wird Isaak werden? Die Antwort öffnet den letzten Gegenstand am Ort mit der weitesten Sicht.« Unter Gen 35,28 finden die Söhne und Töchter 180 Jahre. Der Code öffnet eine Box auf der Kanzel.
7. Darin liegt ein Zettel. »Gratulation! Fleisch, Festkleider und genaues Wissen um das anstehende Sterben habt ihr schon. Aber Isaak segnet nur Söhne und Töchter mit ordentlicher Behaarung. Seid ihr behaart genug, öffnet es euch Segen und Freiheit am Ort des MAHLS.«
8. Im Raum sind fünf Schnurrbärte aus dem Faschingsbedarf (als Fellersatz) zu finden. Auf ihnen steht M-4, A-3, H-2, L-1, S-5 – die Kombination für die letzte Kiste auf dem Altar.
9. Darin ist der letzte Hinweis: »Lest laut gemeinsam vor: Gott gebe dir vom Tau des Himmels und von der Fettigkeit der Erde

und Korn und Wein in Fülle. Segen und Essen werden mehr, wenn man sie teilt. Erst dann machen sie frei.« Daneben liegen eine Plastikflasche mit Traubensaft, genug Becher für alle Anwesenden und ein Fladenbrot. Wenn der ganze Traubensaft verteilt wurde, kommt der (in Folie gewickelte) Schlüssel zum Ausgang heraus. Die Flucht ins Leben mit Segen und Verköstigung ist gelungen.

Nach den Durchläufen erfolgt ein Auswertungstreffen mit allen Konfirmand*innen mit Fotos und Gästebucheinträgen aus den Durchläufen. Alle reflektieren im Plenum über Höhepunkte, Verbesserungen, Story-Anknüpfungen und Lernerfahrung.

5 Reflexion und Ergebnisse des CRE »Jakob und Esau«

Durch die Erkundungen der Konfirmand*innen lernte ich, wie viel in Kirchen verschlossen ist; dass Konfirmand*innen Zonen des Heiligen zu Zonen des Rätsels erklärten; dass sie den Eingangsraum als Ort der Fremden bestimmten und Heimat mit dem Taufbecken verbanden; dass sie Zonen, die den Pfarrer*innen *gehören* (Sakristei und Kanzel), mit »verboten« verbinden. Began die Selbstaneignung, überraschte mich die Kreativität der Konfirmand*innen, etwa im Umnutzen des Taufsteins als Herdentränke (Gen 27,9).

Eine CRE-Herausforderung lebt von der gleichberechtigten Verbindung von Rätseln mit existenziellen Erfahrungen, biblisch-narrativen Bezügen und räumlichen Ankerpunkten bzw. Gegenständen des Kirchraums. Findet z. B. nur die Bibelgeschichte Beachtung, wird der Raum zur widerstandsfreien Bühne und die Rätsel werden zu Infostationen. In meiner Erfahrung favorisieren Konfirmand*innen Rätsel mit Schockeffekten. Das vernachlässigt die Lernwege, die in Bibeltexten und Räumen angelegt sind. Weil Rätsel schon in sich motivieren, müssen sie als retardierende Momente gestaltet werden. Sie müssen Spielende in die Welt der Geschichte mit ihren Schwellen »eintauchen«, bevor es weitergeht. Die Motivation für jede Szene/Ort/Rätsel muss klar formuliert sein. Der Moment der zufallenden Tür muss überzeugend inszeniert werden, Scheitern klug aufgefangen werden. Ein ritualisierter Schluss ist notwendig.

Bei der CRE-Herausforderung Jakob vs. Esau, ergaben sich segenstheologische Einsichten: Der Kirchraum wurde zum Parcours der Erlangung und Vermittlung von Segen als Voraussetzung für Überleben. Am Narrativ zeigten sich die Stufen der Würdigkeit, die Ritualisierung von Segen, seine Kostbarkeit und Gegenständlichkeit. An den Rätseln zeigt sich, wie Geschick und Erfolg zu Glückserfahrung, Bestätigung und Energetisierung führen.

6 Ausblick – CRE als Montage der Didaktiken

Ich verstehe CRE als »Toolkit« für Experimente, die sich wiederholen lassen und neues Wissen von Gott materiell, textuell und spielerisch erlebbar machen. CRE unternimmt eine Montage von drei Didaktiken: Die spielerische Rätsel-, Öffnungs- und Fluchtbewegung wird mit einer Bibelgeschichte verbunden und über den Kirchraum gelegt. Die Bibeldidaktik (a), die materiell angelegte Didaktik des Kirchraums (b) und die Didaktik des Rätsels (c) treten in kreative Spannung.

a) Bibeldidaktisch führt die Sprache der Bibel auf existenzielle Grunderfahrungen zurück, übt neue Wahrnehmung und neues Begreifen ein und fordert, diese im Erzählen und Planen erneut zu übertragen und auszuführen, wobei sie strukturell dieselbe bleibt (vgl. Baldermann 2007, S. 3).

b) Kirchenräume lassen sich symbolisch dekodieren, verfügen aber auch über einen Aufforderungs- und Angebotscharakter (vgl. Gibson 1977, S. 67–82). Gegenstände und Zonen haben eigene Logiken der Verwendung und Bewegung des Körpers mit Zugangs- und Weglogiken, Schwellen und Begrenzungen. Ihr *normaler* Gebrauch im Gottesdienst erschöpft nicht ihre Fülle an Bedeutung, Körpereinwirkung und Verwendung.

c) Rätsel verhüllen und enthüllen Informationen, reizen die Adressaten, testen ihre Würde und verleihen Statusänderungen. Sie sind kleine Liminalitätsrituale, zeigen Grenzen, kreieren Aus- und Sonderzeiten (vgl. Herr 2005). Rätsel erschließen und markieren die Stufen, Schwellen und Herausforderungen der Lernwege von Bibelgeschichte und Raum.

CRE sind für Haupt- und Ehrenamtliche Werkzeuge, um Wahrnehmungen und Deutungen von Bibel, Kirchraum und Spiel aus der Perspektive von Konfirmand*innen zu erlangen. Für Gottesdienst und Kirchennutzung regt die Kombinier- und Überblendbarkeit der Andersorte und -wege Bibel, Kirche und Spiel in ihrer je eigenen Gegenständlichkeit, Räumlichkeit und Zeitlichkeit zum Theologisieren an.

CREs eignen sich auch für kirchenjahrabhängige Themenkreise, z. B. für ein XMAS-CRE, bei dem die innere Bewegung, die Rätsel und die Gefahren der Geburtsgeschichten bearbeitet werden. CREs bieten auch für Erwachsenengruppen Teamschulung und Kooperationsverbesserung. Im Spiel lassen sich Interaktionsmuster, Rollenhierarchien und Blockaden von Gruppen beobachten und thematisieren. Zugleich können biblisch-narrative, kirchraumpädagogische und rätseldidaktische Erfahrungen vertieft werden. CRE bietet sich für Gemeindekirchenrats- bzw. Kirchenvorstands-Rüstzeiten oder andere Leitungsgremien an, zur »Durchschreitung« von Gemeindevisionen (z. B. ein Arche-CRE). CRE lässt sich in Auswertungsgespräche überführen, in denen Beteiligte und Begleitende ihre Beobachtungen Einzelner und der Gesamtgruppe teilen und dann Konflikte (z. B. in kollegialer Beratung) bearbeiten. Denkbar wäre auch ein Glaubenskurs-CRE. Schließlich macht CRE Kirchenräume für Kirchenferne attraktiv und auf spielerische Weise zugänglich.

Literatur

Baldermann, I. (2007): Einführung in die biblische Didaktik (3. Aufl.). Darmstadt.
Biehl, P. (1998): Wohnen, Raumerfahrungen von Kindern, in H.-G. Heimbrock (Hg.): Religionspädagogik und Phänomenologie (S. 32 ff.). Weinheim.
Gibson, J. J. (1977): The Theory of Affordances. In: R. Shaw/J. D. Bransford (Hg.): Perceiving, Acting and Knowing (S. 67–82). Hillsdale.
Herr, B. (2005): »Rätsel«. Wibilex: www. bibelwissenschaft.de/stichwort/11333 (Zugriff am 09.07.2018)
Josuttis, M. (2011): Der Weg in das Leben. München.
Nicol, J. (2011): Weg im Geheimnis. Göttingen.

Verzeichnis der Autorinnen und Autoren

Dorothée Böcker ist als Diplom-Sozialpädagogin in Berlin tätig.
Theresa Brückner ist Vikarin in Berlin-Frohnau.
Nicolas Budde ist Pfarrer in Berlin-Kladow.
Dr. Christian Butt, Pfarrer, ist päd. Studienleiter im Prediger- und Studienseminar der Nordkirche.
Claas Ehrhardt ist Pfarrer in Berlin-Zehlendorf-Süd.
Carolin Marie Göpfert ist Pfarrerin i. E. in Berlin-Falkenhagener Feld.
Dr. Nina Heinsohn ist Pfarrerin i. E. in Hamburg-Alsterdorf.
Hans Hillmann ist Vikar in Büchen.
Judith Kierschke ist Pfarrerin in Storkow.
Franziskus Jaumann ist Pfarrer in Bestensee und Gräbendorf.
Nikolai Jünger ist Pfarrer in Wittstock-Ruppin.
Dr. Jens Mruczek ist Pfarrer in Rüdersdorf.
Claudia Neuguth ist Pfarrerin in Berlin-Falkenhagener Feld.
Dieter Niermann, Diakon, ist Leiter des Evangelischen Bildungswerks Bremen.
Burkhard Nolte ist Schulreferent und Jugendpfarrer des Evangelischen Kirchenkreises Paderborn.
Henning Olschowsky ist Pfarrer in Mutzschen.
Annette Plaz ist Kulturwissenschaftlerin und -pädagogin in Berlin.
Dr. Bertram Schirr ist Vikar in Teupitz und Groß Köris.
Thomas Schüßler ist Kreisjugendpfarrer im Kirchenkreis Oderland-Spree.
Helmut-Andreas Spengler ist Pfarrer in Jänkendorf-Ullersdorf.
Thomas Thieme ist Pfarrer in Caputh.
Ulf Werner ist Pfarrer i. E. in Hamburg.